KB143538

발목에서 사고 머리에서 파는

세력주
투자
기술

발밑에서 사고 머리에서 파는

세력주
투자
기술

초판 1쇄 인쇄 2023년 6월 28일
초판 1쇄 발행 2023년 7월 5일

지은이 디노 백새봄

발행인 장상진
발행처 (주)경향비피
등록번호 제2012-000228호
등록일자 2012년 7월 2일

주소 서울시 영등포구 양평동 2가 37-1번지 동아프라임밸리 507-508호
전화 1644-5613 | **팩스** 02) 304-5613

ⓒ 백새봄

ISBN 978-89-6952-550-5 03320

발목에서 사고 머리에서 파는 ————

세력주
투자
기술

디노 백새봄 지음

경향BP

3고 시대에
주식 투자는 필수다

요즘 같은 고물가, 고금리, 고환율 시대를 살고 있는 우리에게 재테크는 더 이상 옵션이 아닌 필수 사항이 되었습니다. 그중에서 주식은 대표적인 투자처입니다. 부동산보다 적은 투자금액으로 시작할 수 있기에 진입 장벽이 낮은 장점이 있지만, 기준이 없는 투자로 인해 수익보다 손실을 보고 주식 시장을 떠나는 투자자가 정말 많습니다.

저 역시 사회 초년생일 때부터 주식 투자를 시작하여 지금까지 어느덧 15년 이상 주식 시장에 머물며 투자를 해 오고 있지만, 변화무쌍한 주식 시장에서 꾸준히 수익을 내는 것은 여전히 쉽지 않습니다.

저는 15년 전 단칸방에서 신혼을 시작했습니다. 절약과 저축만으로 팍팍한 삶을 탈출하는 것은 한계가 있었습니다. 곧 태어날 아이를 위해 더 나은 보금자리로 이사가 필요했던 저에게 투자 실패는 상상도 할 수 없는 상황이었습니다. 그래서 정말 공부를 많이 하고 주식

판에 뛰어들었습니다. 하지만 연습과 실전은 달랐습니다. 준비를 많이 했는데도 불구하고 수많은 시행착오를 겪었고, 수많은 실패를 하면서 지금의 이 자리에 올 수 있었습니다.

제가 겪었던 시행착오를 다른 사람들에게 알려 주면 도움이 될 것 같다는 생각으로 2021년 봄에 블로그와 월재연 카페에 글을 쓰기 시작했습니다. 다행히 진실한 제 이야기에 공감해 주는 사람이 많았고 반응이 상당히 좋았습니다. 그 덕분에 정말 감사하게도 주식 투자 강의도 하게 되었고, 첫 번째 책을 2022년 봄에 출간할 수 있었습니다.

초보 투자자들이 정말 알고 싶어 하는 것

첫 번째 책에는 제가 실제로 15년이 넘는 시간 동안 주식 투자를 하면서 산전수전을 겪으며 터득한 저만의 실전 지식과 월급쟁이 투자자로 월 500만 원을 벌게 된 투자 노하우를 담았습니다. 출간 이후 강의를 하고 블로그를 운영하면서 개인 투자자분들이 실제로 궁금해하는 것이 무엇인지 알게 되었습니다.

그래서 이번 책을 통해 그간 저에게 주로 문의하던 초보 투자자들이 정말 알고 싶어 하는 것들에 대해서 제대로 다루어 보려고 합니다. 어렵지만 꼭 알아야 하는 기본적인 경제 용어와 내용들, 그리고 주식 투자에서 성공 확률을 높일 수 있도록 세력의 움직임을 포착할 수 있는 실전 매매 기술까지 모두 정리했습니다.

마지막으로 개인 투자자들이 가장 많이 하는 잘못된 투자 방법은 급등주를 따라다니면서 매매를 하는 것이라고 생각합니다. 절대로 달리는 말에 올라타면 안 됩니다. 재무가 좋은 기업들 중 세력이 매집한 종목을 미리 매수해서 내가 보유한 주식이 급등주가 되게 만들어야 합니다. 그래야만 시장을 이기는 투자를 할 수 있습니다. 이 책을 통해서 저만의 비법을 알려 드리겠습니다. 모두 월급쟁이 주식 투자자로 성공해서 경제적 자유를 얻길 응원합니다.

이 책을 쓸 수 있게 기회를 주신 경향미디어와 항상 곁에서 응원해 주신 부모님께 지면을 빌려 깊은 감사를 드립니다. 마지막으로 아빠를 친구처럼 좋아해 주는 지은이와 시은이, 그리고 언제나 한결같이 믿고 응원해 주는 사랑하는 아내에게 고맙다는 말을 전하고 싶습니다.

디노 백새봄

차례

2장
잃지 않는 투자를 위해 꼭 알아야 하는 기본적 분석

〈3장을 마무리하며〉
꾸준한 사람은 아무도 이길 수 없다 _ 191

**4장
디노의 주식 투자 노하우**

1장

이것 모르면
주식 투자 하지 마라

01 동학개미운동의 열풍

2020~21년 동학개미운동과 테슬라, 애플을 필두로 한 서학개미운동으로 불리는 미국 주식 투자까지 대중화되면서 상당히 많은 신규 투자자가 주식 시장에 유입되었습니다. 그 당시 제로금리를 기반으로 한 엄청난 유동성으로 인해 시장은 연일 상승에 상승을 거듭했고, 유튜브뿐만 아니라 공중파까지 주식 투자 관련 콘텐츠들이 장악하면서 그야말로 주식 투자 붐이 일어났습니다.

사실 회사 동료나 지인들과 식사할 때 자주 언급되는 주제를 보면 지금 시대에 무엇이 가장 핫한지 바로 알 수 있습니다. 그 당시 회사에서 동료들과 함께 점심을 먹을 때도 대화의 주제는 주식 투자였습니다.

"그 친구 알지? 주식으로 몇천만 원 벌었더라."

"지금 그 종목 사면 적어도 두 배는 먹을 수 있어."

"지금 주식 투자 안 하면 안 돼. 지금은 무조건 벌 수 있는 시장이야."

아무것도 모르는 초보 투자자에게 지금 주식 투자하면 무조건 돈 번다더라는 말은 너무나 달콤한 유혹이었습니다. 그렇게 남녀노소 구분 없이 모두가 함께 주식 시장에 뛰어들었습니다.

미친 상승장의 달콤함과 부작용

처음에는 소액으로 주식 투자를 시작했는데 한 번, 두 번 수익이 나기 시작했습니다. 2019년 코로나 이후 시작된 미친(?) 상승 랠리는 정말 어마어마했습니다. 코스피 기준 2020년 3월 1,429포인트였던 지수가 1년이 조금 넘는 기간 동안 3.316포인트까지 급등했습니다. 코스피 지수와 연동되는 ETF에 투자했어도 230% 정도의 엄청난 수익을 단기에 거둘 수 있었습니다. 다음 페이지의 차트를 보니 다시 봐도 정말 짜릿한 상승이었습니다.

돌아보면 주식 투자에 성공했던 이유는 시장이 좋았던 것이 가장 컸습니다. 그런데 본인에게 투자 재능이 있다는 자신감이 생기면서 좀 더 큰돈으로 주식 투자를 해서 쏠쏠한 수익을 바라는 마음이 생기는 것도 어찌 보면 당연합니다. 크고 작은 수익을 맛보면서 좀 더 자신감이 커진 초보 투자자들은 이번 기회에 집도 바꾸고 차도 바꿔야

KOSDAQ 시 906 고 915 저 877 종 877 ▼ 25 -2.82% 거 4,861,808

Linear ∨

▼ 최고 1,062.03 (-24.92%)

1,024
960
896
832
797
768
704
640
576
512
448

▲ 최저 419.55 (90.06%)

거래량 4,861,808

19.9m
9.94m

2020   7월   2021   7월   2022   7월   2023

KOSPI 시 2,400 고 2,413 저 2,346 종 2,396 ▲ 1 +0.05% 거 1,993,937

Linear ∨

▼ 최고 3,316.08 (-27.76%)

3,366
3,179
2,992
2,805
2,618

2022-05-20 시가 2,624.69 21

2,396
2,244
2,057
1,870
1,683
1,496

▲ 최저 1,439.43 (66.43%)

거래량 1,993,937

10.6m
7.99m
5.32m
2.66m

2020   7월   2021   7월   2022   7월   2023

겠다는 생각으로 대출까지 해서 주식 시장에 진입했습니다.

하지만 언제나 그렇듯 개인 투자자가 돈을 벌게 해 주는 시장은 오래가지 않습니다. 이번에도 결과는 마찬가지였습니다. 뜨거웠던 2021년 여름, 시장은 꼭짓점을 만들고 하락을 시작하더니 2022년 말까지 제대로 된 반등 한 번 없이 그간 상승했던 수익을 다 반납해 버렸습니다. 말 그대로 시장이 곤두박질쳤습니다. 코스피 지수가 30% 정도 하락했으니 개별 종목의 경우 십중팔구는 반토막이 났다고 볼 수 있습니다.

한창 좋았을 때 코스피 시장의 거래대금이 40조 원이 넘었는데 지금은 10조 원이 안 되는 날이 대부분입니다. 거래대금이 피크일 때와 비교해 보면 거래대금이 4분의 1도 안 됩니다. 거래대금으로 비추어 볼 때 2020~21년에 들어온 신규 투자자들은 상처만 입고 시장을 떠났다고 볼 수 있습니다.

02 투자에도 근육이 필요하다

허리 디스크로 고생을 한 이후로 저는 평생 다이어트를 하고 있습니다. 주변에서 디스크에 좋다고 여러 운동을 추천해 주었는데, 지금까지 제가 해 본 운동 중에서는 수영이 제게 가장 잘 맞았습니다.

수영은 시작하기 전에 반드시 준비 운동을 합니다. 또 수영을 처음 배울 때에는 물과 익숙해지기 위한 시간을 가집니다. 자유형, 배영, 평영, 접영 등 영법을 배우는 것도 중요하지만 계속 배운 것을 반복하면서 수영에 필요한 호흡법을 익히고 근육들을 계속 만들어 갑니다. 그렇게 반복된 시간을 거치면서 물속에 있는 시간이 늘어나고, 처음에는 50m도 힘들었던 수영이 100m, 200m 이렇게 길어지는 것이죠.

투자도 운동과 마찬가지로 준비 운동이 필요하고, 익숙해지는 것도 필요하고, 반복된 공부로 투자 근육을 만드는 것이 분명히 필요합니다. 이런 기본적인 준비도 없이 다른 사람의 말만 듣고 주식 시장에 뛰어들었다가는 우리의 소중한 자산만 잃어버릴 수 있습니다.

요즘같이 유튜브가 모든 분야의 선생님이 되어 주는 세상에 방법을 모르는 사람은 없을 것입니다. 하지만 정보가 많고 쉽게 얻을 수 있는 시대에는 쓸모없는 정보는 거르고 제대로 된 정보를 고르는 근육, 정보를 이해하고 투자로 이어지게 만드는 근육이 반드시 필요합니다. 또 꾸준히 제대로 된 방법으로 내 자산을 키우고 지킬 수 있는 근육을 만들어서 요요 현상이 나타나지 않도록 해야 다시 처음부터 시작하는 수고를 줄일 수 있습니다.

주식 투자를 하기 위해서는 기업을 분석하는 것도 중요하고, 차트를 볼 줄 아는 기술적인 면도 중요합니다. 특히 거시경제라고 부르는 매크로 지표를 이해하고 경제의 흐름을 알아야 결국 투자에서 승리하는 확률을 높일 수 있습니다.

지금부터 주식 투자를 하면서 어렵지만 꼭 알아야 하는 기본적인 경제 용어와 내용들을 저만의 방법으로 쉽게 설명해 보겠습니다. 저를 따라오기만 하면 금방 투자 근육이 빵빵해질 것입니다.

03 물가 안정에 국가 존폐가 달려 있다

　주식 투자를 하면서 시장의 움직임을 논할 때 항상 이야기하는 몇 가지 소재가 있습니다. 대표적인 소재는 금리, 환율, 물가입니다. 먼저 물가에 대해서 이야기해 보겠습니다.

　2022년부터 경제 관련 뉴스에 가장 많이 나왔던 단어가 무엇일까요? 바로 인플레이션입니다. 과도한 물가 상승은 전 세계 모든 중앙은행의 고민이었고, 우리 정부와 한국은행 역시 물가를 잡기 위해 엄청난 노력을 하고 있습니다.

　물가 안정이 아주 중요한 건 모두가 아는 사실입니다. 물가 상승은 단순히 우리가 사는 물건의 값이 오르는 것을 넘어서 국가의 치안과 국가의 존폐가 달려 있는 문제로 이어지기도 합니다. 대표적인 국가가 바로 베네수엘라입니다.

가정을 해 보겠습니다. 우리가 한 달 동안 열심히 일해서 받는 월급이 100만 원인데, 어느 날 물가가 급격히 올라서 하나에 1,000원 하던 라면의 가격이 100만 원으로 오르면 어떻게 될까요? 역설적으로 한 달 동안 힘들게 일을 해서 받은 월급으로 라면 하나밖에 살 수 없다면 과연 우리는 일을 할 필요가 있을까요?

극단적 물가 상승의 가장 큰 부작용은 근로에 대한 필요성이 상실되는 것입니다. 일을 하지 않는 국민들이 가득한 국가의 경제는 성장 동력을 잃게 되고 더 이상 발전이 없게 되는 것이죠.

물가 상승의 부작용은 여기서 그치지 않습니다. 하이퍼 인플레이션 하면 빠질 수 없는 국가인 베네수엘라의 이야기를 해 보겠습니다. 베네수엘라의 2022년 물가 상승률은 234%였습니다. 이 수치가 얼마나 높은 것인가 하면, 2022년 7월 미국의 물가 상승률이 9.1%였는데 이는 40년 만의 최고 상승이었습니다. 그 당시 모든 미디어는 헤드라인으로 기록적인 물가 상승에 대한 우려를 뉴스로 쏟아냈습니다.

미국은 인플레이션의 부작용을 너무나도 잘 알기에 이 기록적인 물가 상승률을 잡기 위해 경제 침체를 감수하고 금리를 지난 1년간 미친 듯이 올렸고, 지금도 여전히 금리 인상을 고민하고 있는 중입니다.

그런데 베네수엘라처럼 물가가 1년 동안 200%가 넘게 상승했다는 것은 정말 말도 안 되는 것입니다. 더 놀라운 것은 2018년 베네수엘라의 물가 상승률입니다. 2018년 한 해 동안 물가가 무려 약 10

디티 디지털타임스   2022.07.14.   네이버뉴스

美 6월 소비자물가 9.1% 올라...1981년 이후 최고치

나와 미국의 물가상승률이 다시 한번 고점을 높였다. 지난달 소비자물가지수(CPI)
상승률이 9.1%(전년... 미 노동통계국은 13일(현지시간) 6월 CPI가 9.1% 올랐다고...

| 美 6월 물가 또 최고치...기준금리 '1%p' 인상하나 뉴스웍스 2022.07.14.

채널A PiCK   2022.07.14.   네이버뉴스

9% 뚫은 美 물가, 40년 만에 최고...초강수 금리인상?

이렇게 항공료부터 식료품, 자동차 등 품목을 가리지 않고 모조리 가격이 뛰면서,
지난달 미국의 소비자물가지수는 1년 전보다 9.1% 올랐습니다. 지난해 봄부터 ...

세계비즈   2022.09.26.

치솟는 물가에 금리 인상 보폭 넓히는 주요국 중앙은행

치솟은 물가를 잡고 미국의 공격적 긴축 행보에 대응하기 위한 조처인데 이러한 정
책적 결정이 자칫... 캐나다의 7월 소비자물가지수는 8.1%로 40년 만에 최고치를...

서울경제 PiCK   1면 9단   2022.07.13.   네이버뉴스

美 6월 물가 9.1% 폭등...연준 '울트라 스텝' 밟나

미국의 6월 소비자물가지수(CPI) 상승률이 결국 9%(전년 대비)대도 넘어섰다. 7월
연방준비제도(Fed·연준)... 9%) 이후 40년 7개월 만에 가장 높다. 9.1%는 시장 예...

천지일보   2022.07.15.

美물가 40년 만에 최대치, '1%p 금리인상' 카드 급부상

13일(현지시간) 미국 노동부가 발표한 6월 소비자물가지수(CPI) 상승 폭이 전문가
들의 전망치보다도 높은 9.1%를 기록했다. 미국의 5월 소비자물가 상승률은 198...

만%가 상승했습니다. 쉽게 말해 달걀 1개에 100원이었다면 하루아침에 달걀 하나에 10만 원이 되어 버렸습니다. 그 당시 마트에 식료품을 사러 가기 위해 돈을 지갑이 아닌 가방에 수북이 넣고 가던 사진이 유명했습니다.

베네수엘라 국민들은 이런 물가 상승으로 기본적인 생활이 무너졌습니다. 먹을 것을 찾기 위해 쓰레기통을 뒤지고, 붕대가 모자라 병원

문을 닫아야 하고, 산유국임에도 불구하고 기름을 구할 수 없어 길에 차들이 다닐 수 없게 되었습니다. 결국 국민들은 먹고살기 위해 마트를 털고 다른 사람의 돈을 훔치는 등 기초 범죄가 급증하게 되어 국가의 치안이 무너지게 되었습니다.

이런 어려움을 겪으면서 전체 인구의 5명 중 1명은 국가를 떠났고, 전 국민의 3분의 1은 굶주림에 시달리고 있습니다. 베네수엘라 국민의 평균 체중이 10kg 정도 줄었다는 통계도 있으니 한때 GDP 4위였던 최대 산유국 베네수엘라가 지금 얼마나 빈곤한지 알 수 있는 상황입니다.

물가 안정은 단순히 '라면 값이 올랐네?', '택시비가 올랐네?' 하는 문제를 넘어서는 국가의 존폐가 달린 아주 중요한 이슈입니다.

이런 말 들어 보셨나요?

"우리 신랑 월급과 우리 아이 성적 빼고 다 오른다."

요즘 딱 어울리는 말입니다. 이 말을 한 이유는 물가가 오르면 발생하는 문제를 알아볼 때 이해를 도울 수 있기 때문입니다. 요즘같은 경제 여건에서 물가가 엄청나게 오를 때, 고소득자(전문직, 대기업)를 제외하면 물가보다 급여를 더 올려 주는 것이 쉽지 않습니다. 지금과 같이 소득은 정체하거나 소폭 오르는데 물가는 강하게 상승을 하게 되면 경제는 다음과 같은 사이클을 만들며 흘러갑니다.

가계의 실질 소득 감소 → 가계 구매 소비력 저하 → 가계 구매력 악화에 따른 경기 침체 → 경기 침체로 기업 실적 악화 → 기업 실적 악화 극복을 위한 기업의 비용 절감 → 근로자 임금 동결 또는 구조 조정을 통한 직원 감소 → 기업의 감소된 생산성으로 인한 공급 감소 → 기업 실적(매출) 감소 → 기업의 실적 악화 지속에 따른 임금 동결 및 구조 조정 → 가계의 소득 감소 → 가계의 소비력 저하… (반복 또 반복)

물가가 상승하면 이런 사이클이 계속 돌면서 악순환이 만들어집니다. 그렇다면 이렇게 문제가 많은 물가 상승을 해결하는 방법은 없을까요? 이제 그 해결책을 알아보겠습니다.

04 금리는
돈의 가치이다

    금리란 말을 많이 들어 보았을 것입니다. 통장을 만들고 적금을 가입할 때 들을 수 있는 '이자율', 집을 살 때 은행에서 대출을 받으면서 들을 수 있는 '이자율', 채권을 투자할 때 들을 수 있는 '수익률' 모두 금리란 말로 사용할 수 있는 말입니다.

    최근 뉴스에서 베이비스텝(기준금리를 한 번에 0.25%포인트 인상하는 것), 빅스텝(기준금리를 한 번에 0.5%포인트 인상하는 것), 자이언트스텝(기준금리를 한 번에 0.75%포인트 인상하는 것)이라는 말을 쉽게 들을 수 있습니다. 금리 인상의 척도를 말하는 것입니다. 사실 0.25% 인상이 일반적인데 최근에는 물가를 잡는다는 명목하에 미국의 금리 상승이 아주 가파르게 일어나고 있습니다.

최근처럼 금리가 높아지면 이자비용에 대한 부담으로 가계 및 기업의 대출이 감소합니다. 반대로 이자 수익을 얻기 위한 저축이 증가하여 시장에 유통되는 화폐의 총량이 감소하게 되고, 이로 인해 화폐가 희귀해지기 때문에 그 가치가 상승하는 것입니다.

금리는 환율에 영향을 준다?

미국이 금리를 올리는데, 한국에서도 미국 금리를 따라서 올려야 한다는 기사를 본 적이 있나요? 최근 10년간 금리 추이를 보면 기본적으로 한국이 미국보다 금리가 높은 것이 일반적입니다. 하지만 최근 미국이 물가를 잡겠다는 일념하에 기준금리를 급격히 올리면서 10년 7개월 만에 금리가 역전되었고, 지금은 미국의 금리가 한국보다 1.25% 높은 정말 보기 힘든 상황이 되었습니다.

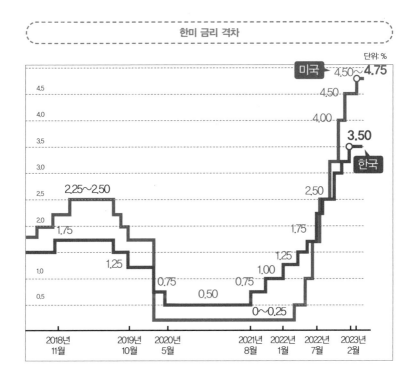

단위: %

미국 4.50~**4.75**

4.50

4.00

3.50

한국

2.25~2.50

2.50

1.75

1.75

1.25

1.25

1.00

0.75

0.75

0.50

0~0.25

2018년
11월

2019년
10월

2020년
5월

2021년
8월

2022년
1월

2022년
7월

2023년
2월

　이처럼 미국의 금리가 한국보다 높은 경우 어떤 부작용이 발생하기에 수많은 전문가가 미국보다 한국의 금리가 높아야 한다고 주장하는지 살펴보겠습니다.

　지금처럼 한국의 금리가 3.5%인데 미국의 금리가 4.75%라고 하면 투자 목적의 자금들은 어디로 이동할까요?

　당연히 같은 돈을 투자하면 이자를 더 많이 주는 미국으로 이동하려는 것이 돈의 속성입니다. 한국에 투자하던 외국인들은 금리도 높고 좀 더 안정적인 시장인 미국에 투자하려고 할 것이고, 이를 위해 보유하고 있던 원화를 팔고 시장에서 달러를 사려고 할 것입니다. 이로 인해 시장에 원화 유통량이 증가하게 되어 원화의 가치가 하락하게 되는 것입니다.

반대로 한국의 금리가 미국보다 높으면 역시 조금이라도 더 이자를 받을 수 있는 한국으로 외국 자본(달러)이 유입되고, 유입된 달러는 한국에 투자하기 위해 원화로 바꾸려는 수요를 만들어 냅니다. 한국의 금리가 올라가면 시장에 공급되는 원화는 일정하지만 수요는 증가하여 원화의 가치가 증가하는 효과가 발생하는 것입니다.

향후 한국의 금리 상승으로 미국보다 금리가 높아지면 1,300원으로 1달러를 살 수 있었는데 지금보다 원화 가치가 상승하여 1,200원으로 1달러를 살 수 있게 되는 것이죠. 이것을 우리는 원화 가치 상승(평가절상) 또는 원달러 환율 하락이라고 표현합니다.

원달러 환율 상승 = 원화 가치 하락(평가절하)

원달러 환율 하락 = 원화 가치 상승(평가절상)

금리는 물가에 영향을 준다?

우리나라처럼 원자재를 수출해서 최종 소비재를 만들어 내는 제조업을 기반으로 하는 국가에서는 환율의 변화가 경제에 직접적인 영향을 줄 수밖에 없는 구조입니다.

예를 들어 삼성전자가 환율이 1,000원일 때 스마트폰을 100달러의 가격으로 팔아서 이익이 10달러가 발생한다고 가정해 보겠습니다. 이 경우 10달러의 수익을 원화로 환산하면 최종적으로 원화 기준 10,000원의 수익을 얻을 수 있습니다. 그런데 원화의 가치가 상승(환율 하락)하여 환율이 1달러에 500원으로 내렸다면, 동일하게 100달러의 스마트폰을 팔아서 10달러의 이익이 발생했다고 해도 원화 기준 수익은 5,000원밖에 안 됩니다. 삼성전자가 원화 기준으로 동일한 수익인 10,000원을 얻으려면 100달러가 아닌 200달러의 가격으로 팔아야만 합니다.

결론적으로 수출을 주로 하는 기업의 경우, 환율 하락은 기업의 수출 경쟁력을 약화시키고, 결국 기업 실적에 악영향을 주어 경기 불황을 야기할 수 있습니다.

이번에는 원자재를 수입하는 경우를 생각해 보겠습니다. 우리가 가장 많이 수입하는 원자재인 원유를 수입해서 정제하고 최종 소비자에게 전달할 수 있는 휘발유로 만드는 총 원가가 1달러라고 해 보겠습니다.

GS칼텍스에서 환율이 1,000원일 때는 휘발유를 1리터 판매할 때

1,000원으로 판매했는데, 요즘처럼 환율이 1,300원으로 올랐다면 휘발유 1리터를 1,300원에 판매해야 합니다. 즉 원화 가치 하락(환율 상승)은 국내 최종 소비재의 가격을 상승시키는 효과가 있습니다. 달리 말하면 환율의 변화로 인해 소비자들은 물가 상승을 부담해야 하는 경우가 발생한다는 것이죠.

금리 인상은 결국 환율에 영향을 주고 환율은 물가에 영향을 줍니다. 따라서 결론적으로 금리가 물가에도 영향을 준다고 볼 수 있는 것입니다.

우리가 자주 접했던 한국과 미국의 금리 역전이란 뉴스를 단순히 나의 대출 금리 또는 예금 금리 정도만 관련이 있다고 가볍게 넘어가기에는 금리가 우리 삶에 직접적으로 끼치는 영향이 너무나 큽니다.

05 물가를 잡으려면 금리를 올려야 한다

그럼 물가를 잡으려면 왜 금리를 올려야 하는지 알아보겠습니다.

앞에서 설명한 것과 같이, 물가는 '물건의 가격'을 의미합니다. 쉽게 말해 물가가 오른다는 것은 물건의 가격이 오른다는 것입니다.

만약 물건의 가격이 계속 오른다면 사람들은 어떻게 할까요? 라면의 가격이 오늘 1,000원이었는데 내일 2,000원으로 오른다면 말입니다. 많은 사람이 가격이 오르기 전인 오늘 라면을 사려고 할 것입니다. 이렇듯 물건의 가격이 오르는 것을 알고 있다면 가격이 오를 것이 예상되는 물건을 미리 구매하여 보관하려는 수요가 폭발하게 될 것입니다. 이런 수요는 다시 물가의 상승을 부추기고, 물가 상승은 다시 소비자의 수요를 자극하여 인플레이션을 야기하는 악순환이 반복되면서 상황을 더 심각하게 만들게 되는 것입니다.

그런데 만약 물건의 가격이 오르는 것보다 같은 기간에 더 많은 이자를 지급하면 어떻게 될까요? 이해를 돕기 위해 예를 들어 보겠습니다.

오늘 라면의 가격이 1,000원입니다. 그런데 내일은 2,000원으로 오른다고 가정해 보겠습니다. 그러면 사람들은 라면의 가격이 1,000원인 오늘 라면을 사기 위해 은행에서 돈을 인출할 것입니다.

그런데 은행이 금리를 올려서 물가가 상승하는 것보다 이자를 더 많이 준다면 어떨까요? 만약 은행에 1,000원을 예치하면 내일 이자로 1,000원을 준다면요? 오늘 은행에 예치된 내 돈 1,000원이 내일 2,000원이 될 건데 굳이 오늘 라면을 살 필요가 있을까요? 내일 2,000원의 돈을 찾아서 라면을 사면 되는 것이죠. 이처럼 금리가 물가 상승률만큼 상승한다면 이자 수익이 물건의 가격이 오른 것을 상쇄할 수 있으므로 소비를 억제할 수 있는 것입니다.

그렇기 때문에 요즘과 같이 인플레이션이 심각하게 발생할 경우, 높은 금리로 인해 가계와 기업이 어려워질 것이 예상됨에도 불구하고, 금리를 급격히 올려서 물가를 잡으려고 하는 것입니다.

이제 물가를 잡기 위해 금리를 올리려고 하는 이유를 알겠지요?

06 금리 상승기에 주식 투자할 때 꼭 챙겨야 하는 지표

금리 상승기에는 기업과 가계의 부채에 대한 금융비용(이자 등)이 늘어나 지출이 증가합니다. 늘어난 금융비용으로 인해 가계의 소비가 감소하고 기업의 투자가 위축되면 영업이익이 감소하여 기업의 실적에 부정적인 영향을 주고, 이는 주가에 반영되어 주가가 하락하는 것이 일반적입니다.

예를 들어 테슬라로 대표되는 전기차 관련 기업들의 경우 전기차 시장 자체가 현재 폭발적인 성장을 하고 있기 때문에 공장 증설 등 생산 능력을 키우기 위한 설비 투자를 멈출 수 없습니다. 하지만 대부분의 전기차 기업은 기존에 전기차를 생산하던 기업이 아니기에 회사의 쌓아 둔 잉여금 또는 현금이 많지 않습니다. 그 때문에 앞으로 성장할 전기차 시장을 바라보고 적게는 몇백억 원, 많게는 몇천억 원의 부채를 일으켜 공장 증설에 투자를 하고 있습니다.

그런데 금리가 올라가면 이런 테크 기업들이 부담해야 하는 이자 비용이 증가하고, 기업들의 이익을 감소시켜 실적에 악영향을 주게 됩니다.

주가는 미래의 성장성을 반영하기 때문에 예상 주가를 단순히 부채와 이자비용으로 계산할 수는 없지만, 금리 상승기에는 현금이 아닌 대출을 일으켜 투자를 할 수밖에 없는 테크 기업들에게 부담을 더 크게 준다고 볼 수 있습니다.

하지만 성장하는 기업이 아닌 경우는 이야기가 달라집니다. 전기 차와 같이 시장 자체가 커지면서 성장하는 기업의 경우, 과감한 투자가 기업의 매출 및 영업이익의 증가로 이어지기 때문에 사실 문제가 되는 경우는 없습니다.

하지만 해당 산업의 성장성이 담보되지 않는 기업의 부채비율이 높거나 유보율이 낮은 경우에는 실적의 증가 없이 고스란히 비용 증가로 이어지기 때문에 이런 기업들은 투자를 피해야 합니다. 특히 이자보상배율을 꼭 체크해서 적자 기업 또는 수익이 너무 적어 이자도 낼 수 없는 기업에는 절대로 투자하면 안 됩니다.

이자보상배율에 대해서는 2장에서 자세히 설명하겠습니다.

07 금리 인상이 기업들에게 무조건 악재일까?

　금리 인상이 모든 기업에게 부정적으로 작용하는 것은 아닙니다. 기업이 보유한 사내 유보금이 많고, 부채비율이 낮아 재무건전성이 높다고 평가되는 기업이라면 오히려 금리가 상승할 경우, 발생하는 이자 소득이 증가하여 긍정적으로 볼 수 있습니다. 우리나라 기업으로 이야기해 보면 삼성전자나 포스코, 현대차 등 이익이 꾸준히 발생하는 우량 대기업의 경우, 금리 상승이 악재가 아닌 호재로 작용한다고 볼 수 있는 것입니다.

　우리나라의 시총 1위 기업인 삼성전자의 경우, 2022년 유보율은 무려 38,144.29%입니다. 이는 삼성전자가 자본금 대비 33,143%의 유보금을 보유하고 있음을 의미합니다. 엄청난 수치에 삼성전자의 대단

기업실적분석										더보기 ›
	최근 연간 실적				최근 분기 실적					
주요재무정보	2020.12	2021.12	2022.12	2023.12(E)	2021.12	2022.03	2022.06	2022.09	2022.12	2023.03(E)
	IFRS 연결	IFRS 연결	IFRS 연결	IFRS 연결	IFRS 연결	IFRS 연결	IFRS 연결	IFRS 연결	IFRS 연결	IFRS 연결
매출액(억원)	2,368,070	2,796,048	3,022,314	2,739,533	765,655	777,815	772,036	767,817	704,646	644,259
영업이익(억원)	359,939	516,339	433,766	157,552	138,667	141,214	140,970	108,520	43,061	21,334
당기순이익(억원)	264,078	399,074	556,541	148,441	108,379	113,246	110,988	93,892	238,414	18,468
영업이익률(%)	15.20	18.47	14.35	5.75	18.11	18.15	18.26	14.13	6.11	3.31
순이익률(%)	11.15	14.27	18.41	5.42	14.16	14.56	14.38	12.23	33.84	2.87
ROE(%)	9.98	13.92	17.07	4.16	13.92	15.13	15.10	13.42	17.07	
부채비율(%)	37.07	39.92	26.41		39.92	39.34	36.64	36.35	26.41	
당좌비율(%)	214.82	196.75	211.68		196.75	202.26	219.39	226.19	211.68	
유보율(%)	30,692.79	33,143.62	38,144.29		33,143.62	34,110.56	35,054.68	35,798.23	38,144.29	
EPS(원)	3,841	5,777	8,057	2,138	1,567	1,638	1,613	1,346	3,460	254
PER(배)	21.09	13.55	6.86	27.97	13.55	10.92	8.65	8.61	6.86	235.29
BPS(원)	39,406	43,611	50,817	51,967	43,611	45,106	46,937	49,387	50,817	
PBR(배)	2.06	1.80	1.09	1.15	1.80	1.54	1.21	1.08	1.09	
주당배당금(원)	2,994	1,444	1,444	1,516						
시가배당률(%)	3.70	1.84	2.61							
배당성향(%)	77.95	25.00	17.92							

함을 다시 한 번 느끼게 됩니다.

2019년 코로나 팬데믹으로 급격한 경기침체 현상이 발생했고 미국을 비롯한 세계 각국은 경제위기를 극복하기 위해 금리를 제로까지 낮추어 많은 유동성을 공급해 경기를 부양했습니다. 이 유동성의 힘으로 폭락했던 주가는 다시 회복되었기 때문에 많은 전문가는 유동성 장세에서는 금리 상승이 오히려 악재라고 이야기합니다. 하지만 금리의 상승이 산업의 특성에 따라 기업에게 호재가 될 수도 있고 악재가 될 수도 있다는 것을 인지하고 기업을 분석하여 금리 상승기에도 주가가 오를 수 있는 옥석을 가리는 안목을 길러야 합니다.

08 금리가 내리면 집값이 오른다?

한국의 기준금리는 앞에서 말한 것과 같이 미국의 금리 상황에 가장 큰 영향을 받지만, 경기가 불황인지 호황인지를 고려하여 최종적으로 결정됩니다. 경기가 불황이 되면 각국 중앙은행은 시장에 돈을 풀어서 유동성을 늘리고 이를 통해 시장의 소비를 회복시켜서 경기를 살리는 정책을 펼치려 합니다.

그럼 시장에 돈이 넘쳐나게 하려면 어떻게 해야 할까요? 답을 먼저 말하자면 시장에 유동성을 공급하기 위해서는 금리를 낮추면 됩니다. 기준금리가 하락하면 대출 이자와 예금 이자가 모두 내려갑니다. 낮아진 예금 이자는 저축에 대한 수요를 떨어뜨리고, 낮아진 대출 이자로 인해 이자 부담이 적어진 기업과 가계의 대출은 증가하게 됩니다. 이

때 늘어난 대출로 인해서 시장에는 유동성이 증가하게 되는 것이죠.

늘어난 유동성의 효과는 실로 엄청납니다. 금리가 낮아질수록 기업과 가계는 더 많이 대출을 하게 됩니다. 기업과 가계 등 경제 주체들은 돈을 쉽게, 더 많이 쓸 수 있게 됨으로써 기업은 공격적인 투자를 통한 실적 성장을 이끌어 내고, 가계 역시 소비가 살아나면서 경제가 불황에서 호황으로 넘어가도록 생기를 불어 넣습니다.

풍부한 유동성은 경제 주체들의 수요를 유도하면서 주식과 부동산 등 자산 시장의 상승을 불러 옵니다. 우리나라의 경우 대표적으로 자산인 부동산 가격의 상승이 강하게 나오는 시기이기도 합니다.

정리해 보면, 경기가 어려울 때 중앙은행은 기준금리를 낮춤으로써 시장에 유동성을 공급하고 이를 통해 경제가 더 활발하게 돌아가도록 만들 수 있는 것입니다.

어떤 정책이든 부작용은 있게 마련입니다. 저금리 정책을 오래 시행할 경우 주식과 부동산 등 자산 시장은 시장이 감당하기 힘들 정도로 부채 비중이 높아지며 거품이 끼게 됩니다. 이런 거품은 자산 시장을 넘어 실물 경제의 버블을 만들어 물가가 상승하는 현상을 만들어 냅니다. 이것을 인플레이션이라고 부릅니다. 2023년 현재 우리는 저금리 시대가 만든 인플레이션과 직면하고 있습니다.

우리나라와 미국을 비롯한 전 세계 중앙은행들은 인플레이션을 잡기 위해 과감한 금리 인상을 단행하고 있습니다. 기준금리가 오르면 대출 이자와 예금 이자가 모두 오르게 되고, 상승한 대출 금리로 인해 대출의 수요는 줄어들고, 오히려 상환하는 사람들이 생겨나기 시작합니다.

예금 이자가 오름에 따라 은행에 돈을 맡기고 이자 수익을 받으려고 하는 수요도 증가합니다. 이렇게 시장에 풀렸던 돈은 다시 은행으로 회수되면서 시장의 유동성이 감소하게 되고, 기업은 신규 투자를 축소하고, 가계는 지출을 줄이게 되면서 경기는 다시 하락세로 돌아서게 되는 것입니다.

자산 시장도 상당한 영향을 받게 됩니다. 기준 금리 상승으로 대출 이자의 부담이 증가하고, 대출로 자산을 구매하려는 수요도 줄어들게 되며, 줄어든 수요는 결론적으로 자산 시장의 가격 하락을 가지고 오게 되는 것입니다.

09 환율만 알아도
주가 급락을 피할 수 있다

코스피와 환율의 상관관계가 있다는 것 아시나요?

다음 페이지의 차트와 같이 지난 25년간의 원달러 환율과 코스피의 주가를 비교해 보면 환율이 오르면 주가가 내리고, 환율이 내리면 주가가 오르는 모습을 확인할 수 있습니다.

25년간 환율 차트를 보면 환율이 상승하여 1,300원이 넘었을 때가 1998, 2001, 2009, 2020, 2022년 총 5번 있었습니다. 신기하게도 그때마다 주가는 급락했습니다.

환율이 1,300원을 넘긴 적이 별로 없음

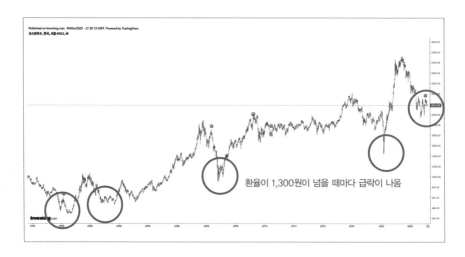

환율이 1,300원이 넘을 때마다 급락이 나옴

44

저는 환율 1,300원은 코스피 하락의 알림 장치와 같다고 생각합니다. 환율과 코스피의 상관관계를 너무나 잘 아는 기관과 외국인 투자자들은 우리나라의 환율이 오르면 리스크가 증가했다는 신호로 인지하고 주식을 매도하고 안전자산인 달러를 더 매수하려고 합니다. 이렇듯 환율은 우리 주식 시장의 수급에 아주 절대적인 영향을 주는 요인이기 때문에 개인 투자자라도 환율을 계속해서 모니터링해야 합니다.

지금은 위기일까?

안타깝게도 지금 우리는 환율이 1,300원이 넘는 시대에 살고 있습니다. 그렇기 때문에 지금이 주식 투자를 하기에 위험한 때인지 아닌지를 살펴볼 필요가 있습니다.

1997년 우리나라에 IMF 사태가 발생했습니다. IMF 사태가 터지고 1년 뒤, 우리나라는 최악의 불황을 지나고 있었습니다. 그 당시 우리나라의 불황은 쉽게 끝날 기미가 보이지 않았고, 기관과 외국인 투자자들은 연일 주식을 매도하고 안전자산인 달러를 매수하기 시작했습니다.

당시 1,000원이었던 원달러 환율은 안전자산인 달러에 대한 수요 급증으로 순식간에 1,200원으로 올랐고, 급격히 상승하는 환율은 투자자의 불안 심리를 자극하면서 주식의 패닉셀과 달러 강매수를 불러 왔습니다. 이런 주식 매도와 달러 매수의 사이클이 반복되면서 주가는 폭락하고 환율은 급등에 급등을 반복했습니다. 환율은 1,300원, 1,400원, 1,500원… 이렇게 오르더니 결국 1,800원까지 올랐습니다.

이렇게 달러를 환전한 투자자들은 안전한 미국으로 투자처를 옮기게 되고, 외환보유고가 결국 급격히 감소하는 결과를 만들어 낸 것이죠.

그렇다면 지금이 위기인 것일까요?

위기에 대해 이야기하려면 외환보유고를 먼저 이야기해야 합니다. 우리나라는 외환보유고가 바닥이 나서 IMF라는 시기를 겪었던 나라입니다. 그 이후 우리나라에게 외환보유고는 가장 중요한 경제지표 중 하나로 자리매김하게 되었습니다.

다음 그래프를 보면 우리나라의 외환 보유고가 줄었던 적은 1997년 IMF 사태, 2008년 리먼브라더스 사태, 2022~23년 현재 딱 3번입니다.

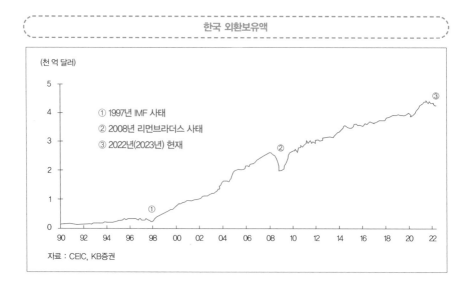

한국 외환보유액

(천 억 달러)

① 1997년 IMF 사태
② 2008년 리먼브라더스 사태
③ 2022년(2023년) 현재

자료 : CEIC, KB증권

세력주 투자 기술

현재를 제외한다면 아주 강력한 위기 상황에만 외환보유고가 줄어
든 것을 볼 수 있습니다. 이번에도 상대적으로 외환보유고는 줄어들
었지만 이전과 비교할 수 없을 정도로 늘어난 것이 보이나요?

과거 대비하여 잔고 수치가 엄청나게 상승한 것을 볼 수 있습니다.
아직은 이전과 같은 엄청난 위기라고 말할 수는 없습니다. 좀 더 위기
가 아니라는 확신을 가지기 위해 다른 국가들과도 비교해 보겠습니다.

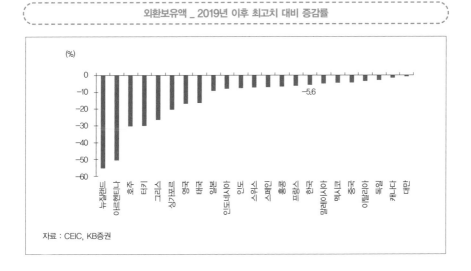

외환보유액 _ 2019년 이후 최고치 대비 증감률

위 그래프에서 볼 수 있듯이, 2019년 코로나 팬데믹 이후 우리나
라뿐만 아니라 대다수의 국가에서 외환보유액이 줄어든 것으로 나
타납니다. 우리나라는 여러 국가와 비교해 보면 오히려 선방하고 있

는 것으로 보입니다.

　그럼 위기는 절대 오지 않는 것일까요?

　외환보유액이 줄어드는 것은 확인했으니 이제 이 감소추이가 어떻게 흘러가는지, 혹시 급격히 줄어들지는 않는지 확인해야 합니다. 외환보유고 절대 잔고가 위기 상황이 될 만큼 줄어드는지도 모니터링한다면 사전에 위기를 감지하고 대응할 수 있을 것입니다.

10 고용지표가 좋으면 주가가 하락한다?

얼마 전까지 3고 현상(고금리, 고물가, 고환율)으로 경제가 어렵다는 뉴스가 쏟아졌습니다. 그런데 최근에는 환율도 최고점 대비 하락했고, 물가도 피크를 지나서 하락하고 있는데도 불구하고 주가는 연일 하락하고 있습니다.

그렇게 되자 주가 하락의 원인을 고용지표에서 찾고 있습니다. 대체 고용지표와 금리 그리고 주가는 어떤 상관관계가 있을까요? 이에 대해 알아보겠습니다.

2023년 1월 발표된 ADP 전미 고용보고서에 따르면 12월 민간 부문 고용은 직전 달보다 23만 5,000명 증가했습니다. 이는『월스트리트저널(WSJ)』이 집계한 전문가 예상치인 15만 3,000명을 크게 웃도

시간	외화	중요성	이벤트		실제	예측	이전
			2023년 1월 5일 목요일				
22:15	USD	★★★	ADP 비농업부문 고용 변화(12월)		235K	150K	182K
22:30	USD	★★★	신규 실업수당 청구건수		204K	225K	223K
			2023년 1월 6일 금요일				
22:30	USD	★★★	비농업고용지수(12월)		223K	200K	256K
22:30	USD	★★★	실업률(12월)		3.5%	3.7%	3.6%

는 수준입니다.

미국의 실업률은 3.7%로 전월과 비슷한 수준일 것으로 예상했는데, 3.5%로 0.2% 감소하면서 고용 시장이 여전히 견고하다는 지표를 보여 주었습니다.

신규 실업수당 청구건수는 전월보다 1만 9,000명 감소한 20만 4,000명으로 집계되었는데요. 이 역시 전문가 예상치 22만 3,000명보다 적은 것으로 고용지표가 좋다는 것을 나타내고 있습니다. 이처럼 고용지표가 좋은데 시장은 왜 악재로 받아들일까요?

일반적으로 우리가 생각하는 좋은 고용지표란 당연히 실업률은 낮고, 고용률은 높은 것입니다. 하지만 요즘같이 인플레이션이 심할 경우 주식 시장에서 바라보는 좋은 고용지표는 조금 다릅니다.

민간 고용이 예상치를 웃돌고 실업수당 청구자 수가 예상보다 적다는 것은 노동 시장이 회복력을 유지하고 있고, 이는 물건을 구매할 수 있는 소비자의 구매력이 여전히 좋다는 것을 의미하기 때문에 인플레이션 측면에서 볼 때는 좋게 볼 수 없기 때문입니다.

고용 안정 = 구매력 증가 = 물가 상승 억제력 약화

최근 미국 연방준비제도이사회 의장인 파월이 자주 하는 이야기가 있습니다.

"여전히 고용시장은 견고하다."

이 말의 의미를 물가적인 측면에서 본다면, 견고한 고용으로 인해 소비력이 여전히 좋기 때문에 물가가 쉽게 잡히지 않을 것으로 보인다는 의미로 해석할 수 있습니다. 그렇기 때문에 주식 시장은 고용지표가 나빠져서 구매력이 약화되고 이로 인해 물가 상승을 자극하는 요소가 사라지길 바라고 있습니다. 결국 주식 시장은 더 이상 금리를 올릴 필요가 없는 시기를 기다리고 있다고 볼 수 있습니다.

11 경제는 결국 다 연결되어 있다

　보통 개인 투자자들은 기업의 분석에만 집중하지만 투자 기간이 늘어날수록 매크로(거시경제)가 더 중요하다는 것을 자연스럽게 깨닫게 됩니다. 나무도 중요하지만 숲을 볼 줄 아는 안목이 필요한 것이죠.

　지금까지 15년이 넘는 기간 동안 주식 시장에 있으면서 공대생인 제가 이해하기 너무나 어려웠던 경제의 기본 흐름인 환율, 금리, 물가를 모두 정리해 보았습니다.

　요즘같이 가스비가 너무 올라서 난방비를 걱정해야 하고, 택시비와 라면 값이 너무 올라 생활물가를 걱정해야 하는 시기에 단순히 푸념만 한다면 우리의 삶은 변화할 수 없습니다. '왜 라면 값이 또 올라? 택시비, 가스비는 왜 이렇게 많이 올랐어?'라는 질문을 스스로에게 하기보다는 '한국과 미국의 금리 차이는 언제쯤 다시 정상화되는 거지? 그때까지는 고물가가 유지되겠지?'라는 질문을 해야 합니다.

한국은행이 금리를 올린다는 뉴스를 보게 된다면 '이제 환율이 내려갈 거니까 어디에 투자하면 될까?'라는 질문을 하는 것이 필요합니다. 우리가 그런 생각을 이끌어 낼 수 있다면 아마도 우리의 삶은 조금 더 윤택해질 수 있을 것입니다.

아는 만큼 보인다는 이야기 들어 봤지요? 저도 사실 아무것도 아닌 그냥 일반 직장인이지만, 관심을 가지고 공부를 하다 보니 여기까지 올 수 있었습니다. 경제란 것은 어렵지만 함께 한 걸음 한 걸음 나아가다 보면 노력한 만큼 좋은 미래가 기다리고 있을 것입니다. 절대 포기하지 말고 꾸준히 나아가길 진심으로 바라고 응원합니다.

디노 테스트의 힘

제가 직장인으로서 주식 투자를 하면서 꾸준히 수익을 내고, 책까지 낼 수 있었던 것은 제가 종목을 선정하기 위해 만든 법칙인 '디노 테스트' 덕분이었습니다. 사실 지금의 저를 만들어 준 귀한 자산이자 저만의 영업 비밀입니다.

디노 테스트는 재무, 가격, 수급, 재료의 4가지 기준으로 종목을 평가하여 선정하는 방법입니다. 테스트를 통과하여 매수한 종목들은 거짓말같이 급등했고, 이를 통해서 월 500만 원씩 수익을 낼 수 있었습니다.

테스트에 통과한 종목들의 승률은 실로 어마어마합니다.

제가 2021년 4월 5일 처음으로 블로그에 제가 가지고 있던 보물 같은 종목을 무료로 추천했습니다. 진심을 담아서 제가 실제로 매수한 종목만 추천했는데 이런 진심이 많은 분에게 전해져 저를 좋아해 주셨던 것 같습니다.

2023년 5월 말 기준으로 총 159개를 추천했는데 지금까지 총 134개의 종목에서 수익 실현을 했습니다. 투자 성공률은 무려 84.3%입니다. 10개 중 8~9개가 목표수익률에 도달한 것이죠. 말 그대로 십중팔구는 급등이 나왔습니다.

추천한 지 하루 만에 급등한 이지바이오, 한국정보인증, 한올바이오파마, 메디아나. 이틀 만에 급등한 영화테크, 유나이티드제약, 이씨에스, 모비릭스, 이씨에스, 태림포장. 많은 분에게 감사인사를 받았던 기억이 납니다. 그리고 미스터블루, 원준, 뉴프렉스, 아이센스, 캠시스, 유나이티드제약, 알에프텍, 모트렉스, 플레이위드, 슈프리마 등 일주일도 안 돼서 급등이 나온 종목이 수두룩합니다.

제가 추천한 종목들의 보유 기간을 살펴보니 추천 후 수익 실현까지 평균 48.4거래일이 걸렸습니다. 두 달이 안 돼서 목표수익률을 달성했으니 보유 기간도 이 정도면 아주 양호합니다.

블로그를 운영하면서 제가 실제 수익을 인증한 게시물이 총 255개인데, 추천하지 못하고 급등한 종목도 실제로 무척 많습니다.

사실 2021년 말부터 지금까지 주식 시장이 개인 투자자에게 좋았던 장은 아니었습니다. 하지만 재무가 좋은 종목 중 세력의 매집이 보이는 종목의 성적은 정말 탁월했습니다. 돌아보니 정말 어려운 시장에서 선방한 것 같아 뿌듯하고 감사한 마음이 큽니다.

시장은 항상 어렵고 변수도 많지만 여러분도 이 책을 통해 월급보다 더 많은 금융소득을 창출할 수 있기를 간절히 응원하겠습니다.

디노의 추천 종목

추천 No.	추천종목	추천일	수익실현일	보유기간 (거래일 기준)	수익률 (%)	비고
1	서울바이오시스	2021-04-05	2021-04-19	10	8.47%	
2	엔에스	2021-04-06	2021-05-03	19	10.13%	
3	영림원소프트랩	2021-04-07	2021-07-21	75	8.66%	
4	케이엠	2021-04-07				
5	미스터블루	2021-04-08	2021-04-12	3	11.6%	
6	S&K폴리텍	2021-04-08	2021-05-04	18	9.5%	
7	브이티지엠피	2021-04-08	2021-04-30	16	10.48%	
8	대봉엘에스	2021-04-09	2021-04-23	10	9.88%	
9	아이센스	2021-04-09	2021-04-15	4	10.06%	
10	유비케어	2021-04-12	2021-07-09	63	10.3%	
11	솔브레인홀딩스	2021-04-12	2021-07-22	71	9.67%	
12	미코	2021-04-13	2021-09-28	115	12.46%	
13	슈프리마	2021-04-13	2021-04-22	6	10.11%	
14	동일고무벨트	2021-04-14	2021-04-28	10	11.04%	
15	동화약품	2021-04-14	2021-07-07	58	6.84%	
16	남화산업	2021-04-15	2021-06-21	45	9.45%	
17	신신제약	2021-04-15	2021-04-23	8	10.07%	
18	위더스제약	2021-04-16	2021-08-12	82	10.44%	
19	램테크놀러지	2021-04-16	2021-07-01	52	9.04%	
20	세화피앤씨	2021-04-19	2021-05-11	16	9.68%	
21	DMS	2021-04-19	2021-07-28	71	7.27%	
22	케이아이엔엑스	2021-04-20	2021-06-16	43	9.97%	
23	KODEX 200 선물 인버스2X	2021-04-21	2021-08-13	81	5.81%	리스크 헤징
24	삼천당제약	2021-04-23	2021-05-07	9	10.55%	
25	이지바이오	2021-04-26	2021-04-27	1	10.07%	
26	아시아나항공	2021-04-27	2021-05-26	20	10.35%	
27	유나이티드제약	2021-04-29	2021-05-03	2	10.86%	
28	석경에이티	2021-04-29	2021-07-21	59	10.23%	

세력주 투자 기술

추천 No.	추천종목	추천일	수익실현일	보유기간 (거래일 기준)	수익률 (%)	비고
29	엠브레인	2021-04-30	2021-10-14	116	8.3%	
30	남선알미늄	2021-05-01	2021-07-05	44	10.23%	
31	SDN	2021-05-03	2021-06-23	35	10.94%	
32	아이티엠반도체	2021-05-03	2021-06-15	29	10.18%	
33	소룩스	2021-05-04	2023-05-19	501	32.56%	
34	유나이티드제약	2021-05-04	2021-05-04	3	9.07%	
35	옵트론텍	2021-05-06	2021-07-27	50	8.06%	
36	알에프텍	2021-05-07	2021-05-14	5	13.46%	
37	프로텍	2021-05-07	2021-09-03	93	7.2%	
38	미투젠	2021-05-09	2021-07-08	43	7.39%	
39	테라젠이텍스	2021-05-11				
40	한국화장품제조	2021-05-12	2021-06-07	18	4.28%	
41	코리아센터	2021-05-13	2021-07-06	38	8.13%	
42	유니온머티리얼즈	2021-05-13	2021-06-07	17	7.76%	
43	신신제약	2021-05-15	2021-06-21	26	8.23%	
44	슈프리마	2021-05-17	2021-07-14	42	10.01%	
45	KG이니시스	2021-05-21	2021-06-04	10	5.74%	
46	에코마케팅	2021-05-25	2021-06-16	18	7.32%	
47	동방	2021-05-25	2021-06-16	18	7.85%	
48	플레이위드	2021-05-25	2021-06-02	6	9.84%	
49	시노펙스	2021-05-26	2022-06-09	311	2.91%	
50	아톤	2021-05-27	2021-07-06	29	6.13%	
51	한국정보인증	2021-05-31	2021-06-01	1	9.99%	
52	일진다이아	2021-06-07	2021-07-23	35	8.34%	
53	한독	2021-06-17				
54	유나이티드제약	2021-06-17	2021-07-02	12	10.82%	
55	제이티	2021-06-18	2021-07-15	21	10.4%	
56	풍국주정	2021-06-21				
57	파트론	2021-06-23	2021-11-22	96	6.14%	

추천 No.	추천종목	추천일	수익실현일	보유기간 (거래일 기준)	수익률 (%)	비고
58	웹젠	2021-06-30	2021-11-12	91	2.68%	
59	이엔에프테크놀로지	2021-07-05	2021-08-09	26	9.2%	
60	삼화콘덴서	2021-07-06	2021-09-03	44	5.13%	
61	오성첨단소재	2021-07-13				
62	크리스탈신소재	2021-07-13	2022-03-11	162	11.11%	
63	알에프텍	2021-07-14				
64	유나이티드제약	2021-07-14	2021-07-19	4	10.31%	
65	모트렉스	2021-07-19	2021-08-09	16	10.23%	
66	한올바이오파마	2021-07-20	2021-07-21	1	9.23%	
67	한국바이오젠	2021-07-20	2021-08-13	19	9.98%	
68	유나이티드제약	2021-07-22	2021-08-26	27	5.66%	
69	대정화금	2021-07-21	2021-08-10	14	12.17%	
70	SCI평가정보	2021-07-26	2022-04-19	181	12.59%	
71	한국화장품제조	2021-07-26	2021-10-25	55	6.43%	
72	SV인베스트먼트	2021-08-03	2021-08-24	15	5.29%	
73	이지바이오	2021-08-10	2022-04-19	170	10.03%	
74	코엔텍	2021-08-10				
75	웰크론	2021-08-10	2021-09-14	25	5.82%	
76	모토닉	2021-08-11				
77	윈스	2021-08-11				
78	앤디포스	2021-08-12	2021-08-27	11	10.66%	
79	우주일렉트로	2021-08-12	2021-11-23	68	10.1%	
80	KX(KMH)	2021-09-17				
81	대봉엘에스	2021-09-17	2022-03-04	99	8.9%	
82	메디아나	2021-09-23	2021-09-23	1	11.98%	
83	유니퀘스트	2021-09-27	2021-11-19	38	9.72%	
84	드림텍	2021-09-28	2021-12-30	67	10.21%	
85	SNT모티브	2021-10-13	2022-03-02	323	5.2%	
86	팜스코	2021-10-18	2021-10-26	7	8.12%	

세력주 투자 기술

추천 No.	추천종목	추천일	수익실현일	보유기간 (거래일 기준)	수익률 (%)	비고
87	엘비세미콘	2021-10-18	2021-10-26	26	10.19%	
88	태림포장	2021-10-20	2021-10-22	2	10.23%	
89	에스텍파마	2021-10-20	2022-08-17	206	10.87%	
90	현대제철	2021-10-28	2021-12-08	56	7.35%	
91	미래에셋증권	2021-10-29	2021-12-08	30	5.53%	
92	이씨에스	2021-11-01	2021-11-03	2	10.7%	
93	현대모비스	2021-11-02	2022-01-06	45	8.1%	
94	우리산업	2021-11-10				
95	모비릭스	2021-11-11	2021-11-12	2	5.82%	
96	모트렉스	2021-11-15	2021-11-19	5	10.65%	
97	엠씨넥스	2021-11-17	2021-11-22	4	7.06%	
98	한국선재	2021-11-30	2021-12-08	7	8.5%	
99	에프에스티	2021-12-02	2021-12-03	2	10.44%	
100	흥국	2021-12-03	2022-01-03	19	11.77%	
101	하츠	2021-12-08	2022-01-04	19	9.38%	
102	에코마케팅	2021-12-09	2022-02-17	47	6.47%	
103	테스	2021-12-15				
104	덕산네오룩스	2022-01-18	2023-02-28	270	5.29%	
105	네오팜	2022-01-19	2022-04-04	54	6.76%	
106	펌텍코리아	2022-01-20	2022-02-08	11	10.07%	
107	프럼파스트	2022-01-21	2022-03-16	33	13.97%	
108	에스에프에이	2022-01-21	2022-02-08	17	5.11%	
109	영보화학	2022-01-23	2022-03-21	32	24.08%	
110	유니셈	2022-02-03				
111	가비아	2022-02-03	2022-02-22	14	7.05%	
112	서원인텍	2022-02-03	2022-03-16	28	4.41%	
113	파미셀	2022-02-04	2022-05-11	65	11.21%	
114	KH바텍	2022-02-11	2022-06-03	74	10.34%	
115	동화약품	2022-02-21	2022-03-15	16	4.52%	

추천 No.	추천종목	추천일	수익실현일	보유기간 (거래일 기준)	수익률 (%)	비고
116	엠씨넥스	2022-02-23				
117	아시아나항공	2022-03-10	2022-03-15	4	11.36%	
118	롯데관광개발	2022-03-10	2022-03-11	1	12.36%	
119	흥국에프엔비	2022-03-21	2022-04-20	23	11.13%	
120	대정화금	2022-03-21	2022-03-24	3	11.39%	
121	보라티알	2022-03-24	2022-04-18	17	10.22%	
122	우주일렉트로	2022-04-06	2022-05-19	31	10.42%	
123	모트렉스	2022-04-08	2022-05-05	5	11.55%	
124	아톤	2022-04-11	2022-06-15	36	7.06%	
125	삼성전자	2022-04-14	2023-05-30	273	10.07%	
126	동성화인텍	2022-04-17	2022-08-11	81	9.82%	
127	와이엠씨	2022-04-21				
128	현대미포조선	2022-05-11	2022-06-03	16	7.22%	
129	천보	2022-05-12	2022-05-18	5	11.15%	
130	삼화콘덴서	2022-05-13	2023-03-06	190	6.44%	
131	엠케이전자	2022-06-14	2022-06-28	41	10.45%	
132	비올	2022-06-14	2022-06-28	10	10.44%	
133	KCI	2022-06-17	2022-07-28	30	6.98%	
134	KH바텍	2022-06-21	2023-03-21	200	5.06%	
135	에스케이오션플랜트(삼강엠앤티)	2022-09-22				
136	두산에너빌리티	2022-09-22	2022-11-14	37	10.54%	
137	아톤	2022-09-26				
138	세진중공업	2022-09-26	2023-04-10	112	10.77%	
139	동성화인텍	2022-10-03	2022-11-15	32	11.97%	
140	캠시스	2022-10-06	2022-10-12	3	13.57%	
141	KODEX 코스닥 150레버리지	2022-10-26	2022-11-11	12	13.25%	
142	ISC	2022-12-09	2023-01-25	33	12.01%	
143	일진파워	2022-12-16	2023-03-31	65	22.98%	

세력주 투자 기술

추천 No.	추천종목	추천일	수익실현일	보유기간 (거래일 기준)	수익률 (%)	비고
144	KODEX 코스닥 150레버리지	2023-01-03	2023-01-25	14	10.1%	
145	뉴프렉스	2023-01-04	2023-01-25	14	12.12%	
146	라온테크	2023-02-27	2023-03-17	15	9.53%	
147	영화테크	2023-02-28	2023-03-02	1	12.01%	
148	원준	2023-03-03	2023-03-07	3	10.57%	
149	뉴프렉스	2023-03-07				
150	ISC	2023-03-07	2023-03-28	15	10.46%	
151	HLB	2023-03-21				
152	롯데관광개발	2023-03-22				
153	피엔케이피부임상연구센타	2023-03-22				
154	우진	2023-04-04				
155	한국카본	2023-04-12				
156	티엘비	2022-04-14	2023-05-17	24	10.8%	
157	컴투스홀딩스	2023-04-16				
158	한화솔루션	2023-04-25				
159	라온테크	2023-05-15	2023-05-30	12	10.44%	
	평균			48.4	9.7%	

2장

잃지 않는 투자를 위해
꼭 알아야 하는 기본적 분석

01 기술적 분석과 기본적 분석

주식 투자를 할 때 크게 2가지로 기업을 분석할 수 있습니다.

첫 번째는 차트를 기반으로 기업을 분석하고 투자하는 '기술적 분석'입니다. 기술적 분석은 과거 주가의 움직임을 토대로 미래 주가를 예측하는 방식이 많이 사용됩니다. 캔들차트, 이동평균선, 거래량, 매물대 등을 통해 주식의 추세와 기술적 지지선, 저항선 등을 파악하여 기업의 가격 변동을 분석하고 예측하는 방식입니다.

다른 하나는 기업의 재무 상태를 기반으로 분석하고 투자하는 '기본적 분석'입니다. 기본적 분석은 기업의 실적, 자산, 현금흐름, 사업 내용 등 기본적 사항을 토대로 투자 여부를 결정하는 방식입니다. 이런 사항을 이해하기 위해서는 기업 실적, 자산, 현금흐름 현황을 나타낸 '재무제표'를 볼 줄 알아야 합니다.

절대 매수해서는 안 되는 주식

세력의 매집을 포착하고 주가가 오르기 전에 선취매해서 급등을 기다리는 것도 좋지만, 모든 것이 그렇듯이 주식 투자도 100%라는 것은 없습니다. 실제로 세력도 어떤 기업을 매수하고 물리는 경우도 있으니 우리 같은 개인 투자자에게 무조건이란 것은 당연히 없는 것입니다. 주식 투자로 돈을 벌어 본 사람이라면 돈 벌기는 정말 힘든데 까먹는(?) 것은 너무나 쉽다는 것을 공감할 것입니다.

그래서 저는 주식 투자를 할 때 잃지 않는 투자를 무엇보다 중요하게 생각합니다. 그러기 위해서는 먼저 기본적 분석 과정을 철저하게 해야 합니다. 재무제표만 제대로 분석해도 최소한 망하지 않을 회사를 쉽게 고를 수 있습니다.

'매출이 안정적으로 성장하고 있는가?'

'영업이익과 순이익이 꾸준히 흑자를 기록하고 있는가?'

'부채의 규모가 얼마나 적정하며, 부채는 상환 가능한 범위인가?'

'배당은 순이익 규모에 비해 적정한가?'

이런 질문들을 통해서 먼저 재무가 별로인 기업을 1차로 걸러내는 작업을 하는 것입니다. 저는 다음과 같은 기업은 매수하지 않습니다.

영업이익 적자 : 당기 순이익의 경우, 일회성 투자 실패로 적자가 발생할 수 있음

부채비율 250% 이상 : 항공 등 업종 특성은 별도 고려 필요

이자보상배율 1 미만

재무제표가 미래를 보장하지는 않는다

재무제표를 아무리 꼼꼼히 봐도 투자 성공을 장담할 수는 없습니다. 왜냐하면 재무제표는 과거의 실적이기 때문입니다.

'주가는 미래의 가치를 선반영한다.'는 말 들어 봤나요?

주식 투자로 돈을 벌기 위해서는 미래의 실적과 재무 상태, 현금흐름을 알아야 하지만 우리가 분석하는 재무제표는 과거의 데이터이기 때문에 미래에 대한 예측을 보장하지는 않습니다. 기업의 재무제표를 분석하는 것이 정말 중요한 이유는 투자해서 안 되는 기업을 걸러내는 것이지 급등할 종목을 골라내는 것이 아니라는 사실입니다.

많은 개인 투자자는 익숙하지 않고 어렵다는 이유로 주식 투자의 가장 기본이면서 중요한 재무제표 분석을 간과하는 경우가 많습니다. 모든 것을 다 챙겨 볼 수는 없어도 앞에서 꼭 피해야 한다고 했던 조건들과 지금부터 설명하는 핵심 용어, 필수 체크 포인트만 챙긴다면 잃지 않는 투자를 할 수 있을 것입니다.

02 기업 이익이 얼마나 남는지 알 수 있는 대표적인 지표

영업이익률이란?

급등하는 종목을 찾아낼 수 있었던 가장 큰 이유는 세력의 움직임을 포착한 것이지만, 또 다른 중요한 이유는 재무가 좋은 기업을 매수했기 때문입니다. 재무가 좋은 종목들은 일단 수익성과 안정성이 높기 때문에 시장만 좋아지면 결국 주가는 오르고, 유보율이 높기 때문에 배당 성향도 좋아서 장기 투자에도 성공할 확률이 아주 높습니다.

그래서 오늘은 재무제표 중에도 제가 가장 중요하게 보는 영업이익률에 대해서 알아보겠습니다. 영업이익률은 영업이익을 매출액으로 나눈 수치로 회사의 이익률이 얼마나 좋은지를 알 수 있는 지표입니다.

영업이익률 = 영업이익 / 매출액 × 100(%)

영업이익 = 매출액 − (매출원가 + 판매관리비)

판매관리비 = 상품을 판매 및 관리하는 데 사용하는 비용

예를 들어 보겠습니다. 삼성전자가 스마트폰을 팔아서 번 돈(매출액)이 100만 원입니다. 스마트폰을 만들기 위해 사용된 재료비와 인건비 그리고 전기세, 임대료 등 기타 비용으로 사용된 원가가 80만 원이라고 하면, 매출액에서 원가를 뺀 영업이익은 20만 원이고, 영업이익률은 20%가 됩니다.

총 매출액에서 이익이 얼마가 남는지 이익률을 직관적으로 나타낸 것이 영업이익률입니다. 기업의 영업 활동 자체가 얼마나 효율적으로 운영되고 있는지를 알 수 있는 대표적인 지표입니다.

영업이익률에서 또 알아야 하는 것은 산업별로 평균 영업이익률이 다르다는 것입니다. 건설업, 조선업과 같은 사람과 재료가 많이 투입되는 산업의 경우 영업이익률이 낮고, 서비스나 기술력 등의 비중이 높은 게임이나 바이오 같은 업종의 경우 영업이익률이 높습니다.

그렇기 때문에 영업이익률은 동종 산업 내에서 비교해 보면 해당 기업이 경쟁사 대비 얼마나 영업 활동을 잘하고 있는지 좀 더 깊이 있게 알 수 있습니다.

매출총이익률과 영업이익률의 차이

매출총이익률 = 매출액 − 매출원가 / 매출액 × 100(%)

매출총이익률과 영업이익률은 모두 기본적으로 회사의 이익을 나타내는 지표입니다. 그런데 영업이익률은 판매관리비 등 모든 비용을 포함한 원가를 계산하여 이익률을 구하지만, 매출총이익률은 제품에 직접 관련된 원가만 계산하여 나온 수치로 기타 비용을 포함하지 않습니다.

그래서 매출총이익률은 회사의 순수 판매 수익만을 판단할 때 사용할 수 있는 지표로 볼 수 있습니다. 기업의 최종 수익을 판단하기 위해서는 당연히 판관비를 비롯한 모든 비용을 포함하여 계산하는 영업이익률을 보는 것이 당연히 좋습니다. 그렇기 때문에 디노 테스트에서는 기업의 영업이익률로 기업평가를 합니다.

03 기업의 안정성 알아보기

부채비율이란?

디노 테스트에서 영업이익률과 더불어 확인하는 것은 바로 부채비율입니다. 기업의 안정성 확인을 위해 꼭 필요한 지표이면서, 혹시 내가 매수한 이후 주가가 하락하더라도 부채비율이 좋다면 상장폐지에 대한 위험이 거의 없기 때문에 잃지 않는 투자를 해야 하는 직장인 투자자라면 꼭 확인해야 하는 지표입니다.

부채비율은 기업의 자본 대비 부채를 나타내는 것으로 기업의 안정성을 평가하기 위해 꼭 들여다봐야 하는 지표입니다.

부채비율 = 부채총계 / 자본총계 × 100(%)

예를 들어 보겠습니다. 삼성전자가 부채가 100억 원, 자본 총계가 20억 원입니다. 그렇다면 삼성전자의 부채비율은 500%이고, 삼성전자는 부채가 자본 대비 5배가 많다고 볼 수 있습니다.

일반적으로 부채비율은 낮을수록 좋으며, 업종별로 상이하지만 200%까지는 기업의 재무 안정성이 크게 위험하지 않다고 평가할 수 있습니다. 참고로 2021년 코스피 상장 법인 기준 평균 부채비율은 115% 정도입니다.

부채비율은 업종별로 많이 다르다

부채비율은 다른 재무 지표와 달리 업종별로 유독 차이가 많이 있습니다. 예를 들어 금융업의 경우 고객이 맡긴 예치금이 부채로 잡히기 때문에 부채비율이 높은 편입니다. 대출 이자가 큰 수익이기 때문에 고객의 예치금을 많이 유치해서 대출을 하는 것이 금융업의 핵심이기 때문입니다.

항공사 역시 항공기 운용을 위해 거의 항공기를 리스(빌림)합니다. 리스 비용이 부채로 잡히기 때문에 타 업종과 달리 부채비율이 아주 높습니다.

건설업이나 조선업과 같은 수주 산업의 경우, 계약 후 받는 선수금이 부채로 잡히기 때문에 대형 계약을 수주하여 선수금을 받으면 일시적으로 부채비율이 높아지는 경우가 있습니다.

부채비율이 낮다고 무조건 좋은 것은 아니다

기본적으로 부채비율이 낮을수록 안정성이 좋다고 볼 수 있습니다. 하지만 부채비율이 낮다고 무조건 좋은 것은 아닙니다. 부채 중 건강한 부채가 있기 때문입니다.

예를 들어 요즘 2차전지처럼 공격적인 공장 증설 등 투자가 필요한 기업들은 부채를 일으켜 엄청난 설비 투자를 진행 중입니다. 이런 부채의 경우 부채비율은 높아지는 효과가 있지만 기업의 성장에 비례하는 부채이므로 기업의 투자라고 해석할 수 있습니다.

따라서 꾸준히 수익을 거두고 미래 성장성이 보장된 기업의 경우는 적정 수준의 부채를 활용하여 이익을 극대화하는 것이 필요합니다. 이런 기업들의 경우 부채비율이 높다고 무조건 부정적으로 봐서는 안 됩니다.

부채비율의 추이가 중요하다

정말 중요하게 봐야 하는 것은 부채비율의 추이입니다. 부채비율이 매년 증가하는지, 아니면 영업을 잘해서 부채를 갚아 나가고 있는지를 보는 것이 중요합니다.

부채비율이 높은 기업이라도 추이가 줄어들고 있다면 긍정적으로 봐야 하지만, 반대로 매년 이익이 줄거나 적자가 나면서 오히려 부채비율이 높아지는 기업이 있다면 매수하지 않는 것을 추천합니다.

피해야 하는 기업의 전형적인 재무제표

기업실적분석										더보기·
	최근 연간 실적				최근 분기 실적					
주요재무정보	2020.12	2021.12	2022.12	2023.12 (E)	2021.12	2022.03	2022.06	2022.09	2022.12	2023.03 (E)
	IFRS 연결	IFRS 연결	IFRS 연결	IFRS 연결	IFRS 연결	IFRS 연결	IFRS 연결	IFRS 연결	IFRS 연결	IFRS 연결
매출액(억원)	13,339	15,369	19,015		4,289	4,165	4,766	4,835	5,249	
영업이익(억원)	397	361	188		-111	71	137	52	-72	
당기순이익(억원)	115	21	-343		-312	-56	-230	-786	730	
영업이익률(%)	2.98	2.35	0.99		-2.59	1.71	2.88	1.07	-1.38	
순이익률(%)	0.86	0.14	-1.80		-7.27	-1.35	-4.83	-16.27	13.90	
ROE(%)	4.21	1.04	-11.68		1.04	-6.02	-18.92	-53.71	-11.68	
부채비율(%)	222.10	252.79	340.23		252.79	299.89	372.59	634.89	340.23	
당좌비율(%)	52.20	53.56	48.69		53.56	56.32	58.97	54.48	48.69	
유보율(%)	1,761.16	1,768.70	1,584.06		1,768.70	1,718.87	1,592.78	1,165.75	1,584.06	
EPS(원)	338	84	-892		-833	-151	-627	-2,134	2,020	
PER(배)	14.28	73.20	-4.37		73.20	-13.14	-3.33	-1.09	-4.37	
BPS(원)	8,468	8,484	7,532		8,484	8,222	7,560	5,255	7,532	
PBR(배)	0.57	0.72	0.52		0.72	0.78	0.67	0.78	0.52	
주당배당금(원)	100	100	50							
시가배당률(%)	2.07	1.63	1.28							
배당성향(%)	28.20	113.85	-5.35							

저는 금융업, 항공업 등을 제외하고 일반적으로 부채비율이 250%가 넘는 기업은 매수하지 않습니다. 앞 페이지에 제시한 재무제표의 경우 부채비율이 기본적으로 높은 것도 문제이지만, 매년 증가하는 부채비율과 줄어드는 영업이익을 볼 때 피해야 하는 기업의 전형적인 재무제표라고 볼 수 있습니다.

유보율이란?

기업의 안정성을 평가할 수 있는 또 다른 대표적인 지표는 유보율입니다. 간단히 말하면 유보율은 회사 내에 쌓아 둔 현금 비율을 의미합니다. 적정한 유보율을 유지하는 회사는 호황일 때도 좋지만, 경기가 어렵거나 금리가 높은 때는 위험에 보다 쉽게 대처할 수 있기 때문에 꼭 챙겨 봐야 하는 지표입니다.

좀 더 정확하게 유보율을 설명하자면, 영업 활동에서 생긴 이익잉여금과 주식 및 자본 거래 등에 의해 발생한 자본잉여금을 합한 금액을 납입자본금으로 나눈 비율입니다.

유보율 = (이익잉여금 + 자본잉여금) / 납입자본금

　　　　　　　　　　　　　　　세력주 투자 기술

일반적으로 부채비율이 낮을수록, 유보비율이 높을수록 기업의 안전성이 높다고 할 수 있습니다. 유보율이 높은 기업은 신규 투자 시 자금을 외부에서 조달할 필요 없이 자기자본으로 가능하며, 앞에서 설명한 것처럼 불황에도 축적된 자본이 많아서 위기 대처가 뛰어납니다. 특히 제가 유보율이 높은 기업을 선호하는 이유는 높은 배당금 지급과 무상증자의 가능성이 높기 때문입니다.

공짜로 주식을 준다?

회사가 신주를 발행하는 방법은 크게 2가지가 있습니다. 하나는 돈을 받고 주식을 발행하는 유상증자이고, 다른 하나는 주주를 대상으로 주식 대금을 받지 않고 신주를 발행하는 무상증자입니다.

쉽게 말하면 무상증자는 주주들에게 공짜로 주식을 나눠 주는 것입니다. 무상으로 주식을 발행해야 하기 때문에 일단 무상증자를 하려면 잉여금이 충분히 있어야 가능합니다. 유보율이 좋아야만 할 수 있습니다. 달리 말하면 재무가 안정적인 회사만 가능하다는 것입니다.

단기에 큰 수익을 얻을 수 있는 무상증자

보통 무상증자를 하는 이유로 '주주가치제고' 또는 '주주이익환원'을 말합니다. 그래서 무상증자는 대개 주가에 호재로 작용합니다.

제 경험상 무상증자 공시가 뜨면 주가가 오르는 경우가 많았습니다.

주가의 움직임을 보면 제가 왜 유보율을 중요시하고, 또 무상증자를 기대하는지 알 수 있을 것입니다.

2022년 5월 1주당 8주 무상증자를 결정한 '노터스'의 차트를 보겠습니다. 무상증자 공시가 난 후 7,730원이던 주가는 바로 상한가 랠리를 시작했습니다. 장 시작과 동시에 상한가로 직행하는 흔히 말하는 '쩜상'으로 6거래일 연속 상한가를 만들더니 주가는 단 6일 만에

무상증자를 결정한 노터스의 차트

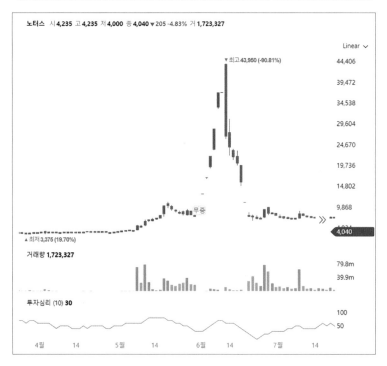

479% 상승하여 37,050원까지 급등했습니다.

무상증자를 하는 모든 기업이 이 정도로 강하게 상승하는 것은 아니지만 주가 급등의 대표적인 사례인 것은 확실합니다. 제가 왜 그렇게 유보율을 강조하는지 이제 알겠지요?

유보율 높은 기업 찾기

키움증권 HTS로 설명하겠습니다. [0150] 조건검색으로 들어가서 유보율을 검색하고, 원하는 비율을 입력 후 검색을 클릭하면 유보율이 높은 기업들을 볼 수 있습니다.

무상증자를 할 수 있는 기업을 검색하기 위해서 유보율이 1,500% 이상 되는 기업을 검색해 보았습니다. 무상증자 공시와 함께 연속 상한가의 대박을 꿈꾸는 투자자라면 유보율이 높은 기업을 미리 검색해서 관심종목으로 추가해 두고 좋은 타이밍에 매수해 볼 것을 추천합니다. 참고로 유보율 1,500% 이상 되는 기업을 검색해 보았습니다.

연속 상한가를 꿈꾼다면 유보율이 좋은 기업을 매수해야 한다는 것을 꼭 기억하세요.

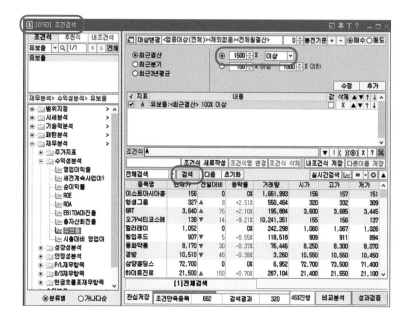

세력주 투자 기술

04 기업이 장사를 잘하고 있는가?

ROE란?

이번에는 기업이 장사를 잘하고 있는지 알 수 있는 지표에 대해서 알아보겠습니다.

앞에서 말한 '영업이익률'과 함께 대표적인 수익성 지표가 'ROE' 입니다. ROE는 Return On Equity로, 우리말로 자기자본이익률을 의미합니다. ROE는 1년간 벌어들인 당기순이익을 자기자본으로 나눈 값을 나타냅니다.

ROE = 당기순이익 / 자기자본 × 100(%)

여기서 당기순이익은 기업이 벌어들인 이익에서 모든 비용을 빼고 최종적으로 남은 수익을 나타내는 것이고, 자기자본은 자산에서 부채를 제외한 것을 말합니다.

예를 들어 ROE를 쉽게 설명해 보겠습니다. 삼성전자의 자기자본이 100만 원이라고 가정했을 때 삼성전자가 한 해 동안 10만 원의 순이익을 남겼다면 삼성전자의 ROE는 10%가 됩니다.

실제 네이버 증권에서 제공되는 삼성전자의 ROE 지표입니다.

삼성전자 ROE 지표

기업실적분석 더보기 ›

주요재무정보	최근 연간 실적				최근 분기 실적					
	2020.12	2021.12	2022.12	2023.12(E)	2021.12	2022.03	2022.06	2022.09	2022.12	2023.03(E)
	IFRS 연결	IFRS 연결	IFRS 연결	IFRS 연결	IFRS 연결	IFRS 연결	IFRS 연결	IFRS 연결	IFRS 연결	IFRS 연결
매출액(억원)	2,368,070	2,796,048	3,022,314	2,739,533	765,655	777,815	772,036	767,817	704,646	644,259
영업이익(억원)	359,939	516,339	433,766	157,552	138,667	141,214	140,970	108,520	43,061	21,334
당기순이익(억원)	264,078	399,074	556,541	148,441	108,379	113,246	110,988	93,892	238,414	18,468
영업이익률(%)	15.20	18.47	14.35	5.75	18.11	18.15	18.26	14.13	6.11	3.31
순이익률(%)	11.15	14.27	18.41	5.42	14.16	14.56	14.38	12.23	33.84	2.87
ROE(%)	9.98	13.92	17.07	4.16	13.92	15.13	15.10	13.42	17.07	
부채비율(%)	37.07	39.92	26.41		39.92	39.34	36.64	36.35	26.41	
당좌비율(%)	214.82	196.75	211.68		196.75	202.26	219.39	226.19	211.68	
유보율(%)	30,692.79	33,143.62	38,144.29		33,143.62	34,110.56	35,054.68	35,798.23	38,144.29	
EPS(원)	3,841	5,777	8,057	2,138	1,567	1,638	1,613	1,346	3,460	254
PER(배)	21.09	13.55	6.86	27.97	13.55	10.92	8.65	8.61	6.86	235.29
BPS(원)	39,406	43,611	50,817	51,967	43,611	45,106	46,937	49,387	50,817	
PBR(배)	2.06	1.80	1.09	1.15	1.80	1.54	1.21	1.08	1.09	
주당배당금(원)	2,994	1,444	1,444	1,516						
시가배당률(%)	3.70	1.84	2.61							
배당성향(%)	77.95	25.00	17.92							

ROE가 좋고 나쁜 것은 어떻게 판단할까?

사실 ROE가 높고 낮다는 절대적인 기준은 없지만, 투자자 입장에서 보면 자기자본이익률(ROE)이 시중금리보다 높아야 투자가치가 있다고 판단할 수 있습니다. 만약 ROE가 시중금리보다 낮다면, 우리는 주식을 매수할 것이 아니라 은행에 돈을 맡기는 것이 더 나은 투자가 될 수 있는 것이죠.

유명한 투자자인 워런 버핏은 최근 3년간 연평균 ROE가 15% 이상인 기업에 투자할 것을 권장하고 있습니다만 사실 그런 기업을 찾기는 쉽지 않습니다.

당기순이익은 순수 영업 활동을 통한 이익뿐만 아니라 영업외 활동을 통해서 벌어들인 돈을 포함합니다. 예를 들어 부동산 매각이나 주식 투자를 통해서 1회성으로 벌어들인 수익이 반영되는 것이죠. 이런 경우 1회성으로 ROE가 높게 나올 수 있으니 투자 시 주의해야 합니다.

자산은 부채와 자본의 합이란 이야기를 앞에서 말했는데 같은 자산을 보유한 기업 중 자기자본보다 부채가 많은 기업은 레버리지를 이용하여 사업을 하고 있다고 볼 수 있습니다. 이런 경우 부채를 많이 사용하면 자본 대비 수익이 많이 나오기 때문에 ROE가 좋아 보이는 착시 효과가 나타날 수 있습니다. 하지만 부채비율이 높으면 회사가 부도를 낼 위험이 높아지게 되므로 부채비율이 높은 회사의 ROE가 높은 것은 좋은 것이라고 말하기 어렵습니다.

05 기업의 주당 수익금 알아보기

EPS란?

이번에는 회사가 수익성을 알아보고 기업 가치를 좀 더 정확하게 평가할 수 있는 지표인 EPS에 대해서 알아보겠습니다.

EPS란 영어로 Earning Per Share이고 우리말로 주당순이익을 의미합니다. EPS는 기업이 벌어들인 순이익을 주식수로 나눈 값입니다. 쉽게 말하면 회사가 주식 1주로 얼마의 순이익을 내고 있는지를 알 수 있는 지표입니다.

EPS = 당기순이익 / 총 발행주식수

예를 들어 EPS를 쉽게 설명해 보겠습니다. 삼성전자의 총 발행주식수가 1,000주, 2021년 1년 동안 벌어들인 순이익이 1,000억 원이라고 한다면 EPS는 1억 원이 되는 것입니다.(1,000억 원/1,000주)

EPS의 의미

EPS가 높을수록 기업의 투자가치가 높다고 판단할 수 있습니다. 왜냐하면 EPS가 높을수록 1주당 주주에게 나누어 줄 수 있는 순이익이 커진다고 볼 수 있기 때문입니다. 이 말은 달리 해석하면 EPS가 높으면 배당금이 높을 수 있다는 의미입니다.

EPS가 좋다는 것은 순이익이 많다는 것이기 때문에 기업의 경영 실적도 좋다는 것으로 볼 수 있습니다. 단, 이런 경우 전환사채의 주식 전환이나 유/무상 증자를 통해서 주식수를 늘리는 경우도 있는데, 이럴 경우 주식수가 늘어난 만큼 EPS가 줄어든다는 것도 알아 두어야 합니다. 매출이익이 아닌 당기순이익으로 EPS를 구하기 때문에 매출액에서 판관비를 포함한 모든 비용을 제외한 순수 이익금을 나타내는 지표라는 것을 헷갈리면 안 됩니다.

EPS 추세 살피기

어떤 기업의 실적을 가지고 설명해 보겠습니다.

EPS 추이가 좋아지는 기업

주요재무정보	최근 연간 실적				최근 분기 실적					
	2020.12	2021.12	2022.12	2023.12(E)	2021.12	2022.03	2022.06	2022.09	2022.12	2023.03(E)
	IFRS 연결	IFRS 연결	IFRS 연결	IFRS 연결	IFRS 연결	IFRS 연결	IFRS 연결	IFRS 연결	IFRS 연결	IFRS 연결
매출액(억원)	1,458	1,791	2,354	2,267	538	479	434	559	882	
영업이익(억원)	106	140	231	240	64	45	37	62	86	
당기순이익(억원)	80	118	205	196	48	38	33	56	79	
영업이익률(%)	7.29	7.84	9.80	10.59	11.85	9.49	8.55	11.12	9.75	
순이익률(%)	5.49	6.59	8.70	8.65	8.95	7.94	7.55	9.93	8.90	
ROE(%)	9.10	11.74	19.26	15.71	11.74	14.13	14.37	16.80	19.26	
부채비율(%)	27.69	23.17	22.99		23.17	26.55	19.64	32.53	22.99	
당좌비율(%)	237.65	254.43	241.06		254.43	222.57	262.15	188.14	241.06	
유보율(%)	817.12	894.12	1,059.82		894.12	900.82	931.92	982.53	1,059.82	
EPS(원)	378	525	969	926	218	174	155	253	387	
PER(배)	23.48	13.51	5.83	6.14	13.51	10.84	8.70	6.94	5.83	
BPS(원)	4,557	4,993	5,904	6,744	4,993	5,037	5,213	5,494	5,904	
PBR(배)	1.95	1.42	0.96	0.84	1.42	1.36	1.10	1.01	0.96	
주당배당금(원)	150	150	250	150						
시가배당률(%)	1.69	2.12	4.42							
배당성향(%)	37.14	26.76	23.53							

EPS의 추이가 보이나요? EPS가 정말 엄청난 추세로 급증하고 있습니다. 2019년 EPS값이 378원이었는데 2년 만에 250% 상승한 969원이 되었습니다.

EPS가 늘어나니 배당이 증가하는 것이 보이나요? 2020년 1.69%, 2021년 2.12%, 2022년 4.42%의 배당률을 보이고 있습니다.

이렇듯 EPS가 좋아지는 추세를 살피는 것만으로 우리의 수익률과 배당금을 올릴 수 있습니다. 이것도 저것도 잘 모르겠다면 EPS 추이가 좋아지는 기업만 찾아도 투자에 실패하지는 않습니다.

(위에서 설명한 EPS가 매년 급증하는 기업은 와이엠씨입니다.)

06 기업을 평가하는 대표적인 지표

PER란?

주식을 좀 해 본 사람이라면 PER라는 단어를 들어 보았을 겁니다.

PER이란 영어로 Price Earning Ratio이고 우리말로 주가수익비율을 의미합니다.

PER는 현재 주가를 EPS로 나눈 값입니다. 쉽게 말하면 현재 주가를 1주당 순이익으로 나눈 값으로 회사의 주가가 기업의 순이익 대비 몇 배로 평가되는지 알 수 있는 지표입니다.

PER = 주가 / EPS = 주가 / (당기순이익 / 발행주식수)

EPS = 주당순이익

예를 들어 PER를 쉽게 설명해 보겠습니다. 삼성전자의 주가가 1,000원이고, EPS(주당순이익)가 100원이라고 한다면, PER는 10배가 되는 것입니다.

PER = 1,000원 / 100원 = 10

PER의 의미

PER는 현재 주가가 고평가인지 저평가인지 판단할 수 있는 대표적인 지표입니다. 동일 산업군에서 PER를 비교해서 해당 산업군의 평균 PER보다 상대적으로 낮으면 저평가라고 할 수 있고, 상대적으로 높으면 고평가라고 할 수 있는 것입니다.

예를 들어 동일 산업군에 있는 기업 중 A란 기업의 PER가 10배이고, B란 기업의 PER가 20배이면 A기업이 저평가되고 있다고 볼 수 있습니다. 하지만 만약 B기업의 당기순이익이 매년 2배로 증가할 것이 예상되어 미래 가치를 주가로 선반영했을 경우도 있습니다. 그러므로 단순히 PER를 비교하는 것도 좋지만, 미래 기업 성장성이 반영

되었는지 아닌지도 함께 본다면 기업가치가 저평가 혹은 고평가인지 판단하는 가장 좋은 방법이라고 생각합니다.

　지금 보유한 주식이 2차전지 섹터인지, 건설업 섹터인지, 철강업 섹터인지 살펴보고 경쟁 업체와 PER를 한 번 비교해 보세요. 내가 보유한 기업이 저평가인지 고평가인지 확인한다면 주식 매수, 매도 시점을 평가할 때 도움이 될 것입니다.

07 기업의 사업 포트폴리오 알아보기

매출 구성의 중요성

기업 분석을 할 때 그 기업이 어떤 제품 또는 서비스를 제공하는지를 살펴보는 게 가장 먼저입니다. 그런데 사실 그 회사가 어떤 사업 구조를 가지고 있는지 정확히 모르고 투자하는 경우가 많습니다. 이번에는 기업의 매출 구성에 대해서 알아보겠습니다.

기업의 매출 구성을 알아보는 것은 아주 중요합니다. 한 기업이 어떤 사업을 통해서 얼마큼의 매출을 올리는지를 알아야 기업의 주력 사업이 뭔지 알 수 있고, 어떤 사업을 통해서 이익을 가장 많이 내는지, 즉 그 기업의 주 종목이 뭔지를 알 수 있기 때문입니다.

사실 요즘 같은 개별 종목 장세에서는 테마나 섹터별로 움직이는 경우가 상당히 많습니다. 테마를 나눌 때도 사실 그 기업이 어떤 매출을 구성하는지에 따라서 테마로 엮이게 됩니다. 요즘같이 개별 종목 장세에서 주가가 주력 제품이나 서비스의 업황에 따라 영향을 많이 받는 경우에는 더 챙겨 봐야 하는 것이죠.

매출 구성 확인하기

일반적으로 회사가 처음 생겼을 때는 제품의 종류가 단조롭지만, 회사가 성장할수록 다양한 제품이 생기면서 사업부가 다각화됩니다. 어떤 회사는 성장함에도 불구하고 하나의 제품 혹은 서비스에 매출이 집중되기도 하지만 어떤 기업은 다양한 사업으로 포트폴리오를 다각화하여 매출이 고르게 분포되는 경우도 있습니다.

두 회사 모두 장단점이 있습니다. 개인적으로는 회사의 규모가 작을 때는 당연히 하나의 분야에 강해지는 것이 우선이고, 회사가 커지면 미래 성장 동력 확보를 위해 신사업을 발굴하여 기업의 영속성을 지속할 수 있는 노력이 필요하다고 생각합니다.

그럼 매출 구성은 어디서 어떻게 보면 될까요? 확인하는 방법이 많지만 접근성이 가장 좋은 네이버 증권으로 설명하겠습니다.

네이버 증권에서 종목분석 하단의 기업개요를 누르면 매출 구성을 확인할 수 있습니다.

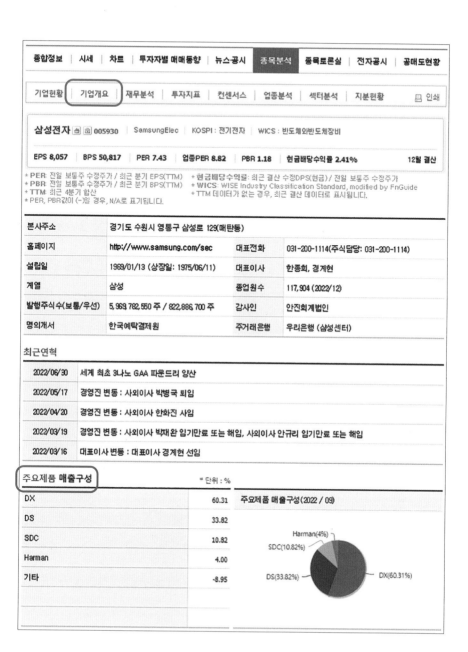

| 종합정보 | 시세 | 차트 | 투자자별 매매동향 | 뉴스공시 | **종목분석** | 종목토론실 | 전자공시 | 공매도현황 |

| 기업현황 | **기업개요** | 재무분석 | 투자지표 | 컨센서스 | 업종분석 | 섹터분석 | 지분현황 | 🖨 인쇄 |

삼성전자 🖨 📖 005930 | SamsungElec | KOSPI : 전기전자 | WICS : 반도체와반도체장비

| EPS 8,057 | BPS 50,817 | PER 7.43 | 업종PER 8.82 | PBR 1.18 | 현금배당수익률 2.41% | | 12월 결산 |

* PER: 전일 보통주 수정주가 / 최근 분기 EPS(TTM)
* PBR: 전일 보통주 수정주가 / 최근 분기 BPS(TTM)
* TTM: 최근 4분기 합산
* PER, PBR값이 (-)일 경우, N/A로 표기됩니다.

* 현금배당수익률: 최근 결산 수정DPS(현금) / 전일 보통주 수정주가
* WICS: WISE Industry Classification Standard, modified by FnGuide
* TTM 데이터가 없는 경우, 최근 결산 데이터로 표시됩니다.

본사주소	경기도 수원시 영통구 삼성로 129(매탄동)		
홈페이지	http://www.samsung.com/sec	대표전화	031-200-1114(주식담당: 031-200-1114)
설립일	1969/01/13 (상장일: 1975/06/11)	대표이사	한종희, 경계현
계열	삼성	종업원수	117,904 (2022/12)
발행주식수(보통/우선)	5,969,782,550 주 / 822,886,700 주	감사인	안진회계법인
명의개서	한국예탁결제원	주거래은행	우리은행 (삼성센터)

최근연혁

2022/06/30	세계 최초 3나노 GAA 파운드리 양산
2022/05/17	경영진 변동 : 사외이사 박병국 퇴임
2022/04/20	경영진 변동 : 사외이사 한화진 사임
2022/03/19	경영진 변동 : 사외이사 박재완 임기만료 또는 해임, 사외이사 안규리 임기만료 또는 해임
2022/03/16	대표이사 변동 : 대표이사 경계현 선임

주요제품 매출구성

* 단위 : %

DX	60.31
DS	33.82
SDC	10.82
Harman	4.00
기타	-8.95

주요제품 매출구성(2022 / 09)

Harman(4%)
SDC(10.82%)
DS(33.82%)
DX(60.31%)

앞 페이지의 표는 삼성전자의 매출 구성인데 DX, DS, SDC로 되어
있으니 정확히 어떤 사업을 하는지 알기가 어렵습니다. 이럴 때는 사
업보고서를 보면 됩니다. 역시 네이버에서 확인할 수 있습니다. 네이
버 증권의 삼성전자를 검색하고 전자공시를 누르면 공시자료들이 뜹
니다. 그중 분기보고서 또는 사업보고서를 클릭하면 됩니다.

세력주 투자 기술

그러면 다음과 같은 화면 창이 열리는데, 거기에서 사업의 내용 →
매출 및 수주현황을 누르면 더 자세히 볼 수 있습니다. 이제 DX 부문
과 DS 부문에서 어떤 품목을 판매하는지 알 수 있지요?

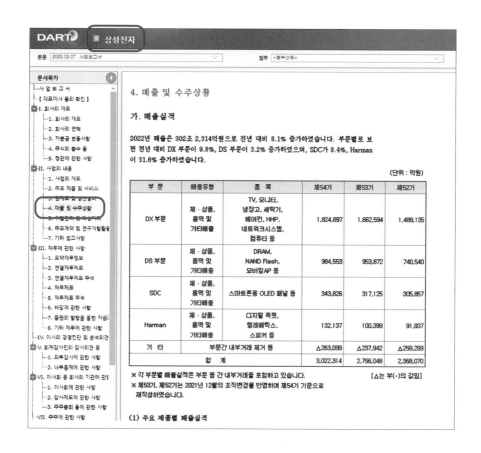

신사업 추가로 인한 상한가

주식 시장에서는 테마가 형성되면서 주가가 급등하는 경우가 자주 있습니다. 특히 2023년에는 2차전지 섹터가 가장 뜨거운 테마라 그런지 신사업으로 추가한다고 발표하는 기업이 상당히 많고, 아무런 법적 효력이 없는 MOU(기업양해각서)를 2차전지 관련 기업들과 체결하면서 주가를 의도적으로 띄우려고 하는 것이 종종 포착됩니다.

실제로 기업마다 매출 구성이 다양하고 전체 매출 대비 비중이 상당히 낮아서 별로 그 회사와 상관이 없는데도 불구하고, 어떤 테마에 속하게 되면 이유 없는 급등이 나오는 일이 꽤 많습니다.

실제 저의 경험을 말씀드리겠습니다. 제가 보유하고 있는 A라는 기업이 주주총회에서 요즘 가장 핫한 테마인 챗GPT를 신사업으로 추가한다고 주주총회에서 발표했습니다. 사실 아직 관련 사업을 시작하지도 않았고, 해당 매출이 전혀 발생하지 않았는데도 불구하고 그발표 한 번으로 단기에 주가가 200% 이상 급등했습니다. 이런 경우는 보유하고 있던 저에게는 행운이었지만 사실은 좀 어이없는 상황이었습니다. 이런 경우 실제 눈에 보이는 실적은 없기 때문에 적당히 수익을 실현하고 나오는 것이 좋은 매매라고 생각합니다.

매출 구성에 따른 기간 투자

매출 구성에 따라 기간 투자도 가능합니다. 이것도 실제로 제가 경험했습니다.

　기업이 주력 사업이 계절의 영향을 많이 받는 경우가 있습니다. 예를 들어 의류 사업은 겨울철인 4분기와 1분기가 성수기입니다. 왜냐하면 여름옷보다 겨울옷이 단가가 더 비싸기 때문입니다. 제습기 같은 소형가전을 생산하는 기업의 경우는 여름 장마철 전후로 매출이 가장 높습니다.

　이런 매출의 구성을 미리 알고 있다면, 그 기업의 성수기 전에 매수했다가 주가가 상승하면 매도하는 전략을 꾸려서 투자를 하면 성공 확률이 높습니다.

08 이자보상배율 알아보기

이자보상배율이란?

제가 재무제표를 살펴보고 절대로 사지 말아야 하는 기업을 골라 낼 때 사용하는 이자보상배율에 대해 설명하겠습니다.

이자보상배율이란 기업이 수입에서 얼마를 이자비용으로 쓰는지 를 나타내는 수치입니다. 이자보상배율은 기업의 채무상환 능력을 나타내는 지표로 영업이익을 금융비용(이자비용)으로 나눈 것입니다. 쉽게 말하면 기업이 돈을 벌어서 이자를 갚아 내는 능력을 나타내는 지표라고 보면 됩니다.

이자보상배율 = 영업이익 / 금융비용(이자비용)

코스피, 코스닥에서 이익보다 금융비용이 많아서 시간이 지나면 지날수록 빚이 커지는 기업들과 은행 대출이나 정부지원금, 유상증자 등을 통해서 겨우 상장폐지 조건을 면하고 기업의 생명을 연명하는 기업이 실제로 꽤 많습니다.

이자보상배율이 1이면 이자비용과 영업이익이 같다는 의미입니다. 쉽게 말하면 이자를 내고 나면 남는 돈이 없다는 의미입니다. 1보다 크다는 것은 이자를 내고 돈이 남는다는 의미이고, 1 미만이면 영업이익으로 이자도 못 내는 진정한 좀비 기업이란 것이죠.

이자보상배율이 1보다 큰 기업 : 흑자 기업. 이자를 내고도 돈이 남는다는 의미.

이자보상배율이 1인 기업 : '뚠뚠'인 기업. 이자비용과 영업이익이 같다는 의미.
이자를 내고 나면 남는 돈이 없음.

이자보상배율이 1 미만인 기업 : 좀비 기업. 영업이익으로 이자도 못 낸다는 의미. 시간이 지날수록 손실이 쌓임.

이자보상배율이 2인 기업의 경우, 영업이익이 1,000원이라면 이자비용은 500원으로 이자비용보다 영업이익이 2배 더 많은 흑자기업인 것입니다.

이자보상배율 확인하기

개인 투자자가 가장 많이 사용하는 HTS인 키움증권 영웅문과 쉽게 접할 수 있는 네이버 증권을 통해서 이자보상배율을 어디서 확인할 수 있는지 알아보겠습니다.(다른 HTS도 비슷한 경로로 확인할 수 있습니다.)

1. 키움증권 영웅문 확인하기
1) 상장기업분석(W) 선택
키움증권 메뉴에서 투자정보 → 기업분석 → 상장기업분석(W)으로 들어갑니다.

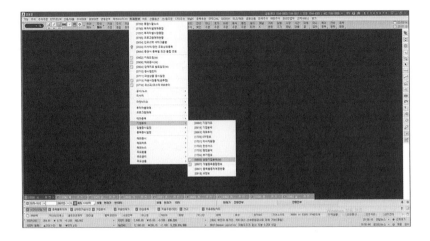

세력주 투자 기술

2) 재무제표에서 재무비율정보 보기

상장기업분석(W) 창이 열리면 기업정보 → 재무비율을 선택하고, 조금만 스크롤을 내리면 재무비율에서 이자보상배율을 볼 수 있습니다.

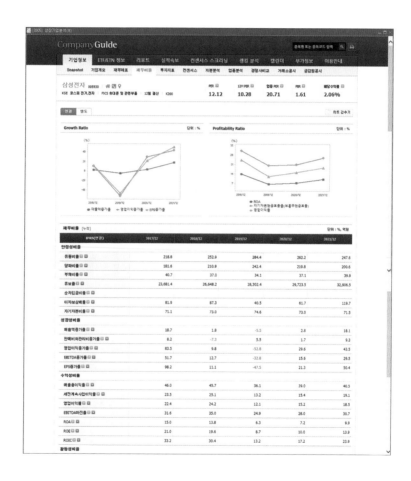

2. 네이버에서 확인하기

네이버 메인에서 '증권' 선택 → 종목 입력 → 종목분석 → 투자지
표 → 투자분석 → 안정성 → 이자보상배율을 확인합니다.

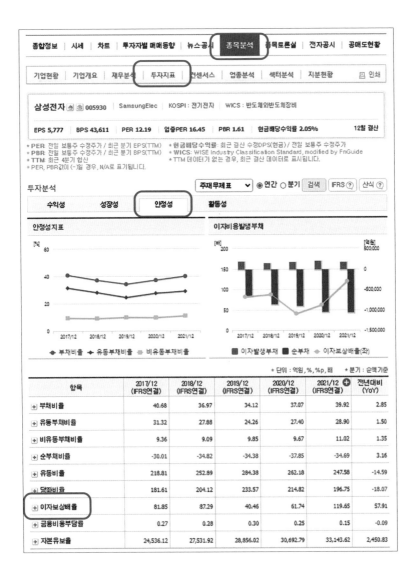

코스톨라니의 달걀 모형

제가 아주 좋아하는 투자가가 두 명 있습니다. 한 명은 워런 버핏이고, 다른 한 명은 앙드레 코스톨라니입니다.

코스톨라니가 만든 투자의 시점에 대한 이론 모형이 있습니다. 달걀 모형을 보고 금리와 경기에 따라 어떤 자산에 투자하고, 또 어떤 자산에서 매도해야 하는지 한눈에 볼 수 있는 모형입니다.

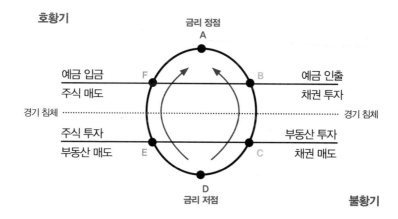

코스톨라니의 달걀 모형

호황기

금리 정점
A

예금 입금   F   B   예금 인출
주식 매도   채권 투자

경기 침체 ··· 경기 침체

주식 투자   부동산 투자
부동산 매도   E   C   채권 매도

D
금리 저점

불황기

예를 들어 설명하겠습니다.

C의 구간은 경기가 침체로 들어서면서 금리가 하락하는 시점입니다. 앞에서 금리에 대해 설명한 것처럼 금리가 낮아지면 시장에 유동성이 풀려서 자산시장의 상승을 가지고 오기 때문에 이때는 부동산에 투자하고 채권을 매도해야 하는 시점입니다.

정말 이 시기에 부동산을 투자하면 어떤 결과였는지 한 번 살펴보겠습니다.

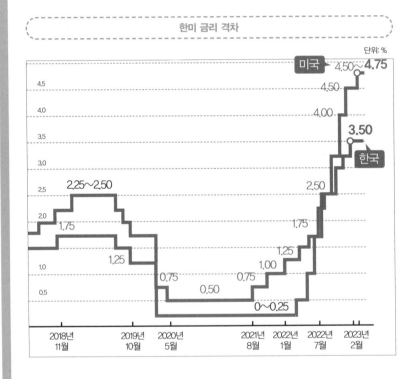

한미 금리 격차

세력주 투자 기술

아파트 매매가격지수

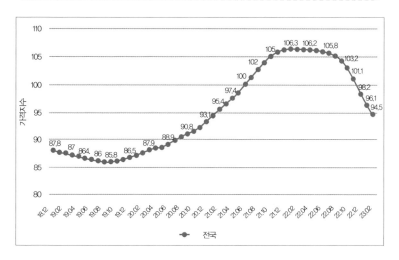

2019년 5월 한국은행은 1.75%였던 기준금리를 낮추기 시작했습니다. 그 당시 코로나19를 극복하기 위해 미국을 비롯한 전 세계 중앙은행들은 제로금리를 발표하면서 엄청난 유동성으로 경제를 회복시키려고 노력했습니다. 그렇게 0.5% 하락한 금리는 2021년 8월 0.75%로 오르면서 지금처럼 급격히 오르기 시작했습니다.

우리나라의 부동산 가격도 기준금리를 낮추기 시작한 시점에 바닥을 찍고 상승하기 시작했습니다. 그리고 금리가 최저점인 0.5%인 시기에는 부동산 가격이 무섭게 상승했고, 금리가 최저점을 지나고 상승하여 1년 정도 지난 2022년 8월에는 부동산 가격이 최고점을 찍고 하락하기 시작했습니다.

제가 설명한 이 시기가 코스톨라니 달걀 모형의 C에서 D를 지나 E구간을 가는 시점이라고 볼 수 있으니, 코스톨라니의 모형에서 제시한 대로 그 시기에 부동산을 매매했다면 큰 부를 이룰 기회였습니다.

지금 우리나라는 경기가 호황이라고 보기는 힘들지만 최근 미국의 견고한 고용에 따른 탄탄한 소비력을 생각해 본다면 경기가 좋아진다고 볼 수도 있는 상황입니다. 그렇다면 2023년 6월인 지금은 F를 지나 A로 가는 구간으로 볼 수 있습니다. 주식을 매도하고 예금을 해야 하는 시기이죠.

우리는 제로금리 시대를 지나서 전례 없이 급격하게 금리 인상을 하는 시대에 살고 있습니다. 과거의 이론이 현 시점에서 절대적으로 맞을 수는 없지만 부를 이루는 데 도움이 될 수 있는 앙드레 코스톨라니의 모형을 소개했습니다. 주식뿐만 아니라 자산을 운용할 때 좋은 가이드입니다.

3장

세력의 매집을 포착하는
기술적 분석

01 세력의 매매 패턴

달리는 말에 올라타지 마라

　이번 장에서는 세력의 매집을 포착하는 구체적인 노하우를 공개하려고 합니다. 어느덧 주식 경력 15년이 넘었고, 수많은 시행착오 끝에 주식 시장에서 꾸준히 수익을 내고 있습니다. 하지만 저는 급등하는 주식은 절대로 추격 매수하지 않습니다.

　제가 생각할 때 개인 투자자들이 가장 많이 하는 잘못은 급등하는 종목을 뒤늦게 따라가는 매매입니다. 생업이 바쁘고 회사 일에 매여 있는 개인 투자자의 경우 하루 종일 호가창을 보면서 대응이 어려워서 급락이 나온다면 순식간에 엄청난 손실을 안게 되기 때문입니다.

　그래서 재무가 좋은 기업 중 세력이 매집한 종목을 포착하고 주가가 오르지 않고 바닥에 있을 때 미리 매수해서 내가 보유하는 주식이 급등주가 되게 만들어야 합니다. 그래야만 시장을 이기는 투자를 할 수 있습니다. 절대로 달리는 말에 올라타면 시장을 이길 수 없습니다.

각종 차트와 저만의 매매 기법을 기반으로 종목을 선정하는 것부터 매수와 매도 시점까지 기술적 분석 노하우를 알려 드리겠습니다.

수급은 모든 재료에 우선한다

이 말은 제가 좋아하는 주식 투자 격언 중 하나입니다.

개별 종목을 논할 때 많이 말하는 게 기업의 펀더멘털입니다. 하지만 저는 펀더멘털보다 중요한 게 수급이라고 생각합니다.

모든 재화, 부동산 그리고 주식까지 결국 수급(수요와 공급)으로 인해 가격이 결정됩니다. 사려는 사람(수요)이 많으면 결국 가격은 상승하고, 반대로 매도하려는 힘이 강하면 가격은 하락합니다. 그러므로 수급을 정확하게 분석할 수 있다면 성공 투자의 확률을 탁월하게 높일 수 있는 것입니다.

세력의 비밀 암호 열쇠

수급은 달리 말하면 거래량입니다. 주식에서 거래량은 가장 중요한 지표입니다.

'차트는 세력이 그리는 그림이다.'

이런 말을 들어 본 적이 있나요? 세력주는 답이 정해져 있습니다. 언제일지는 모르지만 결국 주가는 상승할 것이기 때문에 주가의 방향이 이미 결정 나 있는 것입니다. 하지만 절대로 쉽게 가지는 않습니다. 의도적으로 상승과 하락을 만들어 내면서 일종의 개미털기(?)라 불리는 시간을 보내면서 자기들에게 유리한 형세로 차트를 그려 갑니다. 그래서 차트만 본다면 주도 세력의 의도를 정확히 파악하기

세력주 투자 기술

어려운 경우가 많습니다. 하지만 거래량은 절대로 거짓말을 하지 않습니다. 언제 매집했고, 얼마의 자금이 투입되었는지 알 수 있습니다.

세력은 보통 일정 기간에 매집하고, 충분한 매집이 끝나면 장대양봉과 함께 거래량을 폭발시키고 주가를 급등시킨 후 고점 부근에서 뒤늦게 유입된 신규 개인 투자자들에게 본인들의 물량을 넘기며 이익을 실현하면서 매매를 끝내는 것이 일반적입니다.

안타깝지만 대부분의 개인 투자자는 급등이 이미 상당히 진행되고 하락을 앞두고 있을 때 매수하여 최고점에 물리는 경우가 상당히 많습니다. 그러다 보니 상투를 잡게 되고 결국 큰 손실과 함께 원치 않는 장기 투자로 이어지게 되는 것입니다. 하지만 거래량을 분석할 수 있다면 세력의 매집 가격과 매집 시점을 알 수 있습니다. 따라서 세력이 운전하는 버스에 세력 몰래(?) 탑승해서 앉아 있다가 목표수익률을 달성하면 손쉽게 수익을 실현할 수 있게 되는 것입니다.

지루한 싸움을 이겨 내야 달콤한 열매를 먹을 수 있다

세력주의 방향은 우상향으로 정해져 있습니다. 하지만 세력의 우상향 버스에 모두를 태울 수 없기에 절대 쉽게 주가가 상승하지는 않습니다. 세력들은 주식을 싸게, 최대한 많이 매수해야 하기 때문에 기존 투자자들이 물량을 내놓지 않으면 오히려 주가를 하락시켜 실망 매물이 시장에 쏟아져 나오게 합니다. 버스 운전수가 어지러운 급등락을 반복하는 동안 개인 투자자는 멀미를 호소하면서 결국 그 버스에서 내리고 말게 되는 것이죠.

저의 실제 매매 사례를 보면서 세력의 매집에 대해서 자세히 살펴보겠습니다. 실제로 제가 매수하고 2022년 6월 15일에 블로그를 통해 종목 추천을 했던 '비올'이란 종목입니다.

차트를 보면 평소 10만 주도 안 되게 거래되던 종목이 2021년 12월 15일 하루에 갑자기 2,200만 주 이상 거래되었습니다. 평소 거래량 대비 200배 정도의 거래 대금이 하루에 투입된 것이죠. 과연 저 정도의 자금을 동원할 수 있는 게 누구일까요? 저는 주포 혹은 세력이라고 생각합니다.

이후 거래량이 급격히 줄었다가 2022년 4월 4일 다시 1,400만 주로 폭증했습니다. 대량 거래가 터지면서 2022년 12월 대량 거래가 터졌을 때 대비 주가가 약 30% 상승했지만 세력은 이 정도로 만족하지 않습니다. 만약 세력이 이탈했다고 판단하려면 매집했던 거래량에 준하는 대량 거래가 고점에서 나와야 합니다. 그런데 아직은 그 정도의 거래량은 없기에 매집이라고 볼 수 있습니다.

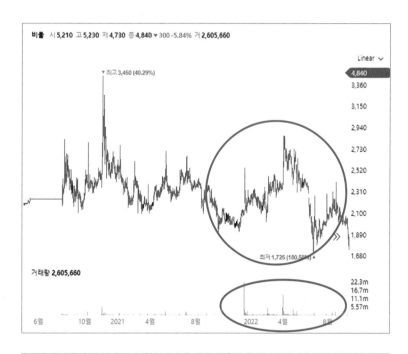

비올 시 **5,210** 고 **5,230** 저 **4,730** 종 **4,840** ▼ 300 -5.84% 거 **2,605,660**

▼최고 3,450 (40.29%)

최저 1,725 (180,5   ) ▲

거래량 **2,605,660**

Linear ∨

4,840
3,360
3,150
2,940
2,730
2,520
2,310
2,100
1,890
1,680

22.3m
16.7m
11.1m
5.57m

6월　　10월　2021　4월　　8월　　2022　4월　　8월

외국인 · 기관 순매매 거래량

날짜	종가	전일비	등락률	거래량	기관 순매매량	외국인 순매매량	외국인 보유주수	보유율
2021.12.28	2,195	▼ 10	-0.45%	659,892	-2,247	+19,588	200,789	0.35%
2021.12.27	2,205	▼ 20	-0.90%	507,574	-15,546	+8,746	181,201	0.32%
2021.12.24	2,225	▼ 15	-0.67%	666,953	-35,451	+40,958	172,455	0.30%
2021.12.23	2,240	▲ 40	+1.82%	3,013,307	-307,421	+115,903	131,497	0.23%
2021.12.22	2,200	▲ 5	+0.23%	861,397	-368,144	-13,901	15,594	0.03%
2021.12.21	2,195	▲ 35	+1.62%	965,778	-141,612	+13,194	29,495	0.05%
2021.12.20	2,160	▲ 5	+0.23%	2,238,532	-351,148	-11,948	16,301	0.03%
2021.12.17	2,155	▼ 45	-2.05%	1,646,665	-518,408	+7,547	28,249	0.05%
2021.12.16	2,200	▼ 125	-5.38%	4,637,509	-1,971,625	-18,655	20,702	0.04%
2021.12.15	2,325	▲ 190	+8.90%	22,291,864	-661,109	-279,852	39,357	0.07%
2021.12.14	2,135	▲ 35	+1.67%	78,445	-1	+2,908	319,209	0.56%
2021.12.13	2,100	▼ 5	-0.24%	26,137	+381	-2,546	316,301	0.55%
2021.12.10	2,105	▼ 25	-1.17%	47,220	-2,773	-3,731	318,847	0.56%
2021.12.09	2,130	▲ 5	+0.24%	21,565	-18	-2,012	322,578	0.56%
2021.12.08	2,125	▲ 30	+1.43%	92,118	-25	-12,173	324,590	0.57%
2021.12.07	2,095	0	0.00%	53,638	-23	-1,832	336,763	0.59%
2021.12.06	2,095	▲ 50	+2.44%	113,602	-16	+5,823	338,595	0.59%
2021.12.03	2,045	▲ 55	+2.76%	112,584	-115	-21,928	332,772	0.58%
2021.12.02	1,990	▼ 10	-0.50%	77,232	-67	-9,771	354,700	0.62%
2021.12.01	2,000	▲ 75	+3.90%	144,756	+180	-69,025	364,471	0.64%

					기관	외국인		
날짜	종가	전일비	등락률	거래량	순매매량	순매매량	보유주수	보유율
2022.04.27	2,505	▼ 25	-0.99%	515,386	+6,202	+65,111	1,282,055	2.24%
2022.04.26	2,530	▲ 50	+2.02%	402,217	0	+48,368	1,216,944	2.13%
2022.04.25	2,480	▼ 170	-6.42%	803,829	-15,000	-86,376	1,168,576	2.04%
2022.04.22	2,650	▲ 10	+0.38%	508,738	+15,000	+99,271	1,254,952	2.19%
2022.04.21	2,640	▼ 30	-1.12%	607,368	0	+42,515	1,155,681	2.02%
2022.04.20	2,670	▼ 5	-0.19%	559,368	0	-19,480	1,113,166	1.95%
2022.04.19	2,675	▼ 15	-0.56%	540,750	-10,000	-26,523	1,132,646	1.98%
2022.04.18	2,690	▲ 40	+1.51%	960,312	+4,777	-94,241	1,159,169	2.03%
2022.04.15	2,650	▲ 90	+3.52%	1,189,564	-4,865	-70,972	1,253,410	2.19%
2022.04.14	2,560	▼ 30	-1.16%	1,415,150	0	-126,186	1,324,382	2.31%
2022.04.13	2,590	▲ 20	+0.78%	742,402	0	-38,713	1,450,568	2.53%
2022.04.12	2,570	▼ 105	-3.93%	1,386,415	0	+99,468	1,489,281	2.60%
2022.04.11	2,675	▼ 30	-1.11%	1,074,236	-6,802	+57,814	1,389,813	2.43%
2022.04.08	2,705	▲ 65	+2.46%	1,135,553	+4,802	-26,472	1,331,999	2.33%
2022.04.07	2,640	▼ 100	-3.65%	1,244,911	-2,535	+173,540	1,358,471	2.37%
2022.04.06	2,740	▼ 25	-0.90%	2,570,840	-44,649	-111,851	1,184,931	2.07%
2022.04.05	2,765	▼ 55	-1.95%	3,414,588	+11,317	-129,936	1,296,782	2.27%
2022.04.04	2,820	▲ 280	+11.02%	14,179,258	+29,879	+77,635	1,426,718	2.49%
2022.04.01	2,540	▲ 145	+6.05%	5,544,476	+44,232	+284,311	1,349,083	2.36%
2022.03.31	2,395	▲ 40	+1.70%	266,408	0	+25,781	1,064,772	1.86%

외국인·기관 순매매 거래량

앞 페이지의 차트 중 원으로 표시한 부분을 좀 더 확대해서 자세히 살펴보겠습니다.

세력이 매집한 수량이 부족했던 것일까요? 개인 투자자들이 눈치채지 못하도록 주가를 하락시킵니다. 주가는 2022년 4월 고점이었던 2,865원을 찍고, 속절없이 하락하더니 2022년 9월 1,635원까지 하락했습니다. 고점 대비 주가는 약 70% 빠졌습니다. 어떤 개인 투자자가 이런 하락을 버틸 수 있을까요? 확신이 없다면 쉽지 않을 것입니다.

그렇게 주가는 2022년 4월부터 11월까지 계속 하락했고, '비올'은

비올 시 **2,350** 고 **2,410** 저 **2,310** 종 **2,345** ▼ 85 -3.50% 거 **1,627,894**

Linear ⌄

4,840
2,850

▼ 최고 2,865 (68.94%)

2,700

2,550

2,400

2,250

2,100

1,950

≫

1,800

1,650

최저 1,635 (196.02%) ▲

거래량 **1,627,894**

22.3m
16.7m
11.1m
5.57m

11월   12월   2022   2월   4월   5월   6월   7월   8월   9월

시장에서 더 이상 주목받지 않는 종목이 되었습니다. 횡보한 8개월 동안 하루 평균거래량이 10~30만 주, 거래대금은 4~5억 원이었던 것을 보면 얼마나 투자자들에게 관심 밖이었는지 알 수 있습니다.

투자자들의 관심이 완전히 사라질 때쯤 2022년 11월 중순부터 다시 거래량이 조금씩 나왔습니다. 그러더니 드디어 세력의 어지러운 급발진이 시작했습니다. 특별한 조정 없이 꾸준히 상승하더니 2023년 3월 현재 주가는 최고점 5,370원을 찍었습니다. 저점 대비 무려 약 320%가 상승하는 기염을 토했습니다.

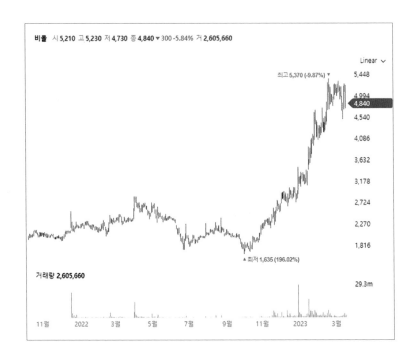

비올 시 5,210 고 5,230 저 4,730 종 4,840 ▼ 300 -5.84% 거 2,605,660

최고 5,370 (-9.87%) ▼

Linear ∨

5,448
4,994
4,840
4,540
4,086
3,632
3,178
2,724
2,270
1,816

▲ 최저 1,635 (196.02%)

거래량 2,605,660

29.3m

11월   2022   3월   5월   7월   9월   11월   2023   3월

어디까지 주가가 상승할지는 모르지만 이번에도 세력은 훌륭하게 그들의 목표를 달성했습니다. 만약 아직 자기들의 물량을 다 넘기지 못했다면, 호재 및 긍정적인 뉴스와 함께 고점에서 가혹하지만 자기들의 물량을 개인 투자자에게 넘기고 떠날 것입니다.

재무가 좋은 기업 중 세력이 매집한 종목을 포착하고 '비올'과 같이 주가가 오르지 않고 바닥에 있을 때 미리 매수해서 보유하고 있다면 세력이 만드는 급등을 함께 즐길 수 있습니다. 지루한 시간과의 싸움을 견뎌야 하지만 그 뒤에 오는 열매는 너무나 달콤합니다.

02 거래량을 보면
세력이 보인다

주가는 거래량의 그림자다

물체가 움직여야 그림자가 움직이는 것이지 절대로 그림자가 먼저 움직이는 법은 없습니다. 이렇듯 주가는 주식 거래량의 흐름이 아주 중요하다고 할 수 있습니다. 주식 투자에서 거래량이 먼저 움직이고 주가가 그 뒤를 따른다는 것은 아무리 강조해도 지나치지 않습니다.

거래량의 흐름을 알 수 있는 지표 - OBV

거래량의 흐름을 파악할 수 있는 대표적인 지표가 있습니다. 바로 OBV입니다. 모든 증권사의 HTS와 MTS 그리고 네이버 증권에서

OBV를 무료로 제공합니다. 정말 유용한 지표인데도 불구하고 모르는 사람이 너무 많습니다. 세력의 움직임을 포착할 때 제가 가장 중요한 지표로 사용하는 OBV에 대해서 기초적인 의미부터 실제로 매매에 적용하는 방법까지 모두 알려 드리겠습니다.

OBV(On Balance Volume)는 조셉 E. 그랜빌(Joseph E. Granville)이 독창적으로 개발한 주식 투자 이론입니다. '거래량은 항상 주가를 선행한다.'라는 사실을 전제로 거래량 분석을 통해 주가의 움직임을 예측하는 데 사용되는 기법입니다.

주가가 상승한 날의 거래량과 하락한 날의 거래량을 누계하여 집계해 도표화한 것입니다. 이를 통해서 해당 종목이 현재 매집 단계에 있는지 아닌지를 확인할 수 있습니다.

OBV 계산 방법

OBV의 계산 방법은 아주 간단합니다. 오늘 주가가 상승했다면 전일 OBV에서 금일 거래량을 더하고, 주가가 하락했다면 전일 OBV에서 금일 거래량을 빼서 산출합니다. OBV를 공식으로 나타내면 다음과 같습니다.

주가가 상승했다면?

OBV = 전일 OBV + 주가가 상승한 날의 거래량

주가가 하락했다면?

OBV = 전일 OBV − 주가가 하락한 날의 거래량

예시를 통해서 함께 계산해 보겠습니다.

조건 1. 전일 OBV : 1,000

조건 2. 오늘 주가 : 상승(양봉)

조건 3. 오늘 거래량 : 1,000

OBV = 전일 OBV + 주가가 상승한 날의 거래량 = 1,000 + 1,000 = 2,000

한 번 더 계산해 보겠습니다.

조건 1. 전일 OBV : 2,000

조건 2. 오늘 주가 : 하락(음봉)

조건 3. 오늘 거래량 : 500

OBV = 전일 OBV + 주가가 상승한 날의 거래량 = 2,000 − 500 = 1,500

오늘 주가가 상승했다면 전일 OBV에서 금일 거래량을 더하고, 주가가 하락했다면 전일 OBV에서 금일 거래량을 빼기 때문에 OBV는 일반적으로 주가와 같은 방향으로 움직이기 마련입니다.

'OBV는 주가와 같은 방향성을 가진다.'

이것을 꼭 기억하세요.

OBV의 의미

일반적으로 OBV와 주가는 동행합니다. 매번 OBV를 계산해서 종목을 분석하라고 하면 너무 힘들어서 포기할 텐데 다행스럽게도 모든 증권사의 HTS와 MTS 그리고 네이버 증권에서 OBV를 자동으로 계산해서 한눈에 볼 수 있는 차트로 제공하고 있습니다. 그럼 이번에는 OBV 차트의 숨은 의미를 알아보고, 어떻게 실제 매매에 적용해야 할지 알아보겠습니다.

앞에서 OBV는 주가와 같은 방향성을 가진다고 말했습니다. 삼성전자의 차트를 보면서 주가와 OBV의 일반적인 움직임이 어떤지 살펴보겠습니다.

옆 페이지의 차트에서 보는 것처럼 주가가 상승하면 양봉이 많으므로 OBV도 함께 올라가고, 주가가 하락하면 음봉이 많으므로 OBV도 함께 하락합니다. 이렇게 주가와 OBV는 같은 방향성을 가지는 것이죠.

세력주 투자 기술

OBV는 세력의 매집을 알고 있다

OBV는 세력이 벌인 일을 알고 있습니다. 주가와 다르게 움직이는 OBV를 통해서 세력의 매집을 알 수 있다는 것입니다. 차트는 세력이 그리는 그림이란 것을 잊으면 안 됩니다. 그럼 어떻게 그림을 그리고 주가를 움직이는지 이해를 돕기 위해 실제 주가 차트를 보면서 그 의미를 살펴보겠습니다.

1) 곧 상승할 주식

주가가 하락하는데도 불구하고 OBV가 이전 수준 이하로 떨어지지 않는 것은 세력의 매집 활동이 진행되고 있다는 의미입니다. 세력이 주가를 하락시키면서 개인 투자자의 물량을 뺏어 가는 시간으로 보면 됩니다. 이 경우 주가는 조만간 상향세로 전환될 것으로 예측할 수 있습니다.

위 차트는 제가 실제 매매했던 영화테크란 종목입니다. 주가가 하

락하는데도 불구하고 OBV는 상승한 종목의 주가는 어땠을까요?

2023년 2월 28일 매수했는데, 1거래일 만에 급등이 나와서 목표수익률 10%를 달성하여 2023년 3월 2일 수익 실현을 했습니다. 저의 목표수익률에 대해서는 뒤에서 자세히 다루겠습니다. 영화테크는 제가 매도한 이후에도 주가가 지속 상승했고, 단기에 저점 대비 43%나 급등이 나왔습니다.

종목명	실현손익	매수수량	매수횟수
	수익률	매수평균단가	매수정산금액
영화테크	12.01%		

2) 하락할 확률이 높은 주식

주가가 상승하는데도 불구하고 OBV가 이전의 고점 아래에서 머무르는 것은 주가를 상승시키면서 보유 주식을 처분하려는 세력의 움직임이 일어나고 있다는 의미입니다. 이 경우 주가는 조만간 하락세로 전환될 것으로 예측할 수 있습니다.

주가가 상승하는데도 불구하고 OBV는 하락한 종목의 주가는 어땠을까요?

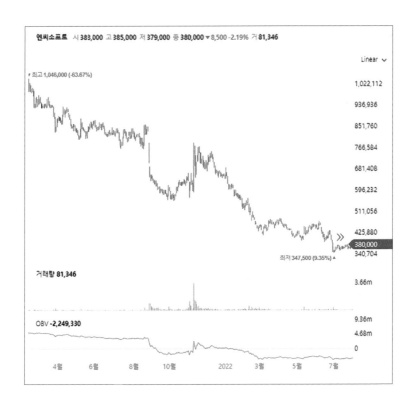

엔씨소프트 시 383,000 고 385,000 저 379,000 종 380,000 ▼8,500 -2.19% 거 81,346

Linear ⌄

▼ 최고 1,046,000 (-63.67%)

1,022,112

936,936

851,760

766,584

681,408

596,232

511,056

425,880

380,000

340,704

최저 347,500 (9.35%) ▲

거래량 81,346

3.66m

OBV -2,249,330

9.36m

4.68m

0

4월   6월   8월   10월   2022   3월   5월   7월

고점 대비 약60%로 하락하며 엄청나게 폭락했습니다. 시장의 영향을 고려하더라도 다른 종목 대비 과하게 하락한 대표적인 종목입니다.

3) 주가의 방향을 예측할 수 있다

주가가 박스권에 갇혀서 상승과 하락을 반복하는데도 불구하고 OBV의 고점이 계속 상승하고 있다면 향후의 강세를, OBV의 고점이 하락하면 향후의 약세를 예고하는 것으로 판단할 수 있습니다.

주가가 박스권을 횡보하고 있다면 OBV는 일반적으로 유지되어야 하는 게 맞습니다. 하지만 특정 매수 주체가 기간 조정을 통해서 개미털기를 하고 있다면 주가는 횡보하지만 OBV는 상승하는 경우가 있습니다. 이런 경우 조만간 시세를 분출할 것을 기대할 수 있습니다.

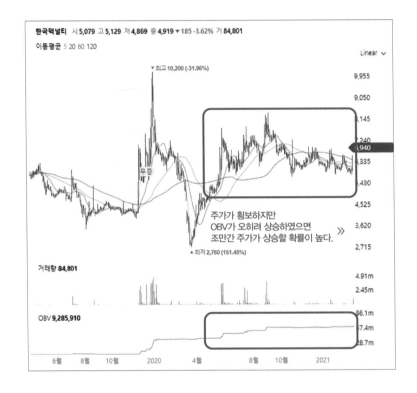

위 차트는 제가 실제로 매매했던 한국맥널티란 종목입니다. 주가가 6개월 이상 박스권에서 횡보하는데도 불구하고 OBV는 상승한 종목의 주가는 어땠을까요?

2021년 1월 26일 매수했는데, 주가는 단기에 급등했고 2021년 3월

16일에 매도하여 15.51% 수익 실현을 했습니다. 한국맥널티 역시 제가 매도한 이후에도 주가는 좀 더 급등하여 단기에 저점 대비 41%나 급등했습니다.

세력의 매집 후 주가가 급등한다는 것을 대표적으로 보여 준 종목이라고 할 수 있습니다.

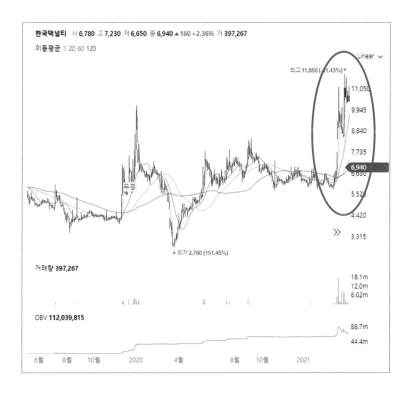

일자	종목명	실현손익	수익률 ▶
2021/03/16	한국맥널티		+15.51%

OBV 지표 설정하는 방법

그럼 이제까지 설명한 세력의 수급을 파악하는 중요한 지표인 OBV를 우리가 쓰는 모바일이나 PC에서 어떻게 설정하는지 알려 드리겠습니다.

1) 네이버 증권

먼저 모바일이나 PC에서 모두 사용할 수 있는 네이버에서 설정해

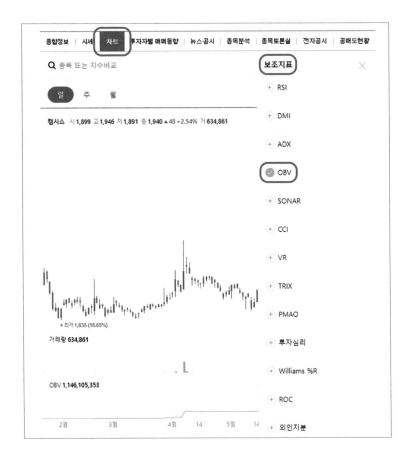

보겠습니다. 무료로 제공하니 무조건 설정해서 사용하기 바랍니다.

네이버 증권에서 해당 종목을 입력한 후 → 차트 → 보조지표를 열고 → OBV를 체크하면 차트 아래쪽에 OBV 지표가 추가됩니다.

2) 키움증권 HTS

키움증권 HTS의 경우 [0601] 주식종합차트에서 OBV를 검색하면 쉽게 설정할 수 있습니다.

3) 키움증권 MTS

키움증권 MTS의 경우 메뉴 하단의 차트에서 보조지표를 클릭한 후 OBV를 찾아서 선택하면 쉽게 설정할 수 있습니다.

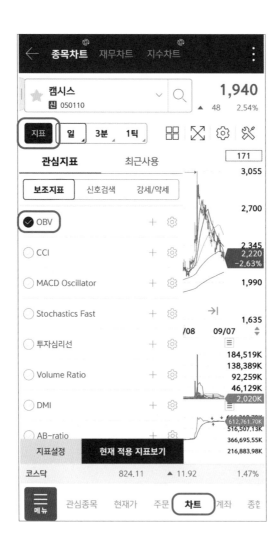

03 세력이 알려 주는 손절 없는 투자 방법

물타기도 타이밍이 있다

저는 종목을 매수하면 절대로 손절하지 않습니다. 절대로란 말은 쉽게 사용하면 안 되지만 실제로 저는 손절하지 않습니다. 왜냐하면 재무가 좋고, 시장에서 관심 가질 만한 종목을 상대적으로 다른 종목보다 덜 오른 가격에 매수하기 때문입니다. 손절하지 않을 수 있는 자신감은 세력의 매집을 확인하고 매수하기 때문입니다.

앞에서 설명한 기준을 다 만족하는 종목인데 주가가 하락했다고 손절해야 할까요? 물론 배임, 횡령 등과 같은 개인 투자자가 알기 힘든 악재가 있을 수 있지만, 그런 치명적인 문제가 아닌 시장의 악재 또는 단기적인 수급의 문제로 하락했다면 어떻게 할 건가요? 저는 기업의 펀더멘털이 여전히 문제가 없다면 물타기라고 말하는 추가 매수를 통해서 평단가를 낮추고 다가올 급등 시기에 수익을 실현해야 한다고 생각합니다.

저도 종목을 매수한 뒤 하락 없이 항상 100% 목표수익률을 달성한 것은 아닙니다. 하지만 앞에서 설명한 것처럼 절대로 손절은 하지 않습니다. 어떻게 그게 가능한지 궁금해하는 사람이 많습니다.

'대체 어떻게 그렇게 하지? 물리면 몇 년이고 기다리는 것인가?'

제가 실제로 매매하고 손실 중이었다가 물타기를 해서 수익을 냈던 종목을 통해서 그 비법을 공유하겠습니다. 이 글을 통해서 물타기도 타이밍이 있다는 것을 알게 될 것이라고 생각합니다.

실제 매매 사례 1 - 프럼파스트

제가 2022년 1월 21일에 추천하고 매수했던 '프럼파스트'란 종목입니다. 디노 테스트 기준인 재무, 가격, 세력의 수급, 재료에서 합격하여 매수했지만 주가는 매수 후 하락했습니다.

프럼파스트 매수 당시, 주가는 고점 대비 40% 정도 하락했지만 OBV는 전혀 하락하지 않았고 오히려 상승했습니다. 그리고 다음 차트와 같이 세력의 매집으로 보이는 대량 거래 흔적이 있었습니다. 평소 거래량이 10만 주 안팎으로 발생하던 회사였는데, 2022년 12월 8일 820만 주의 대량 거래량이 나온 뒤 캔들이 위꼬리를 달았습니다.

프럼파스트 시 3,535 고 3,545 저 3,485 종 3,505 ▼ 30 -0.85% 거 16,706

▼최고 10,600 (-66.93%)

Linear ∨

10,548
9,962
9,376
8,790
8,204
7,618
7,032
6,446
5,860
3,505

최저 5,810 (-39.67%)

12월 8일 거래량을 동반한 위꼬리 발생

거래량 16,706

14.0m

OBV 177,096,703

167m
149m
130m

7월   8월   9월   10월   11월   12월   2022

외국인 · 기관 순매매 거래량

날짜	종가	전일비	등락률	거래량	기관 순매매량	외국인 순매매량	외국인 보유주수	보유율
2022.01.05	6,530	▼ 50	-0.76%	81,134	0	-3,034	231,960	2.38%
2022.01.04	6,580	▲ 130	+2.02%	102,830	-789	+11,266	234,994	2.42%
2022.01.03	6,450	▲ 40	+0.62%	48,656	0	+10,509	223,728	2.30%
2021.12.30	6,410	▲ 10	+0.16%	43,537	0	-4,768	213,219	2.19%
2021.12.29	6,400	▲ 60	+0.95%	66,406	0	+21,086	217,987	2.24%
2021.12.28	6,340	0	0.00%	324,937	+789	+17,900	196,901	2.02%
2021.12.27	6,340	▲ 70	+1.12%	43,373	0	+2,906	179,001	1.84%
2021.12.24	6,270	0	0.00%	50,721	0	+1,423	179,960	1.85%
2021.12.23	6,270	▼ 310	-4.71%	142,123	0	-622	178,537	1.83%
2021.12.22	6,580	▲ 50	+0.77%	153,998	0	-9,774	179,159	1.84%
2021.12.21	6,530	▲ 270	+4.31%	282,050	0	-17,736	188,933	1.94%
2021.12.20	6,260	▼ 150	-2.34%	122,926	0	-6,390	206,669	2.12%
2021.12.17	6,410	▼ 140	-2.14%	163,499	0	-3,377	213,059	2.19%
2021.12.16	6,550	▲ 20	+0.31%	100,208	0	-676	216,791	2.23%
2021.12.15	6,530	▼ 110	-1.66%	99,159	0	+2,225	217,467	2.23%
2021.12.14	6,640	▼ 170	-2.50%	194,730	0	-9,386	215,242	2.21%
2021.12.13	6,810	▲ 10	+0.15%	188,180	0	-22,194	224,628	2.31%
2021.12.10	6,800	0	0.00%	261,438	0	+34,580	246,822	2.54%
2021.12.09	6,800	▲ 10	+0.15%	363,978	-723	+24,219	212,242	2.18%
2021.12.08	6,790	▲ 270	+4.14%	8,310,028	+723	-178,270	188,023	1.93%

재무가 좋은 기업이지만, 이것은 누군가 매집한 흔적으로 보였습니다. 매집 후 주가가 거래량 없이 아래로 흐르고 있는 것으로 볼 때, 저 시점에 들어온 물량이 나가는 시기에 급등이 나오면 가볍게 수익을 거둘 수 있을 것이라고 생각했습니다.

매집의 신호가 물타기 시점이다 1

매수 후 빠른 시간에 급등이 나올 거라고 생각했지만, 주가는 제가 매수한 후 좀 더 하락하여 매수가 대비 −20% 정도 되었습니다. 그

런데 매수 후 2개월 정도 지났을 시점인 2022년 3월 10일과 3월 11일 2일 연속으로 대량 거래를 동반한 양봉이 나왔습니다.

저는 주가가 바닥에서 횡보 후 세력의 매집으로 보이는 평소에 없던 대량 거래를 수반했을 때를 물타기 시점으로 삼고 있습니다. 대량 거래를 동반하면서 위꼬리를 달았다는 것은 의도적으로 주가를 올렸다가 다시 제자리로 내렸다고 볼 수 있습니다. 이는 개인 투자자의 물량을 체크하거나 반복된 상승 후 하락으로 개인 투자자들이 지쳐서 물량을 던지게 만들 때 나오는 패턴이기 때문입니다.

프럼파스트의 주가는 어떻게 되었을까요?

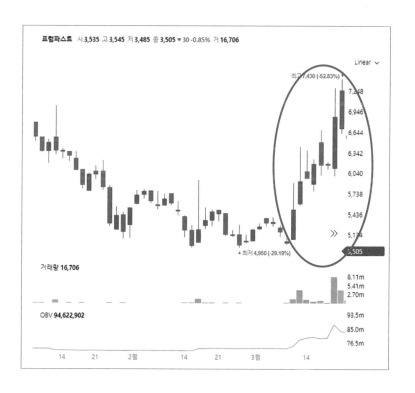

　대량 거래가 터진 2022년 3월 10일부터 7거래일 뒤인 3월 21일에 최고점 7,430원까지 급등했습니다. 8거래일 동안 최저가인 4,950원 대비 무려 52% 급등이 나온 것입니다. 이렇듯 세력은 결국 급등의 시기의 차이만 있을 뿐 본인들의 물량을 개인 투자자에게 던지기 위해 언젠가는 급등을 만들어 냅니다.

실제 매매 사례 2 - 캠시스

이번에는 2021년 9월 15일에 매수했던 '캠시스'란 종목입니다. 이 종목 역시 디노 테스트 기준인 재무, 가격, 세력의 수급, 재료에서 합격하여 매수했지만 주가는 매수 후 하락했습니다.

캠시스 매수 당시 주가는 고점 대비 40% 이상 하락했는데도 불구하고 OBV는 오히려 상승하여 세력의 매집이라고 볼 수 있었습니다. 캠시스 역시 확실한 세력 매집의 흔적도 있었습니다. 다음 차트와 같이 2021년 9월 3일 세력의 매집으로 보이는 대량 거래가 발생했습니

					기관		외국인	
날짜	종가	전일비	등락률	거래량	순매매량	순매매량	보유주수	보유율
2021.09.07	2,230	▼ 35	-1.55%	3,258,299	-1	-18,788	1,069,521	1.45%
2021.09.06	2,265	▲ 15	+0.67%	7,580,384	-5,029	+29,025	1,091,298	1.48%
2021.09.03	2,250	▲ 260	+13.07%	35,755,128	+1,046	-362,376	1,062,273	1.44%
2021.09.02	1,990	▼ 15	-0.75%	213,316	-1	+6,579	1,424,649	1.93%
2021.09.01	2,005	▲ 45	+2.30%	293,016	0	+21,453	1,430,070	1.94%
2021.08.31	1,960	▼ 30	-1.51%	226,996	0	-6,395	1,408,617	1.91%
2021.08.30	1,990	▲ 5	+0.25%	346,850	+4	-111,012	1,415,012	1.92%
2021.08.27	1,985	▲ 65	+3.39%	621,256	+1	+22,098	1,526,024	2.07%
2021.08.26	1,920	▼ 30	-1.54%	324,332	+419	+23,076	1,503,926	2.04%
2021.08.25	1,950	▲ 10	+0.52%	234,755	0	-15,154	1,480,850	2.01%
2021.08.24	1,940	▲ 115	+6.30%	498,613	+13	+130,532	1,496,004	2.03%
2021.08.23	1,825	▲ 55	+3.11%	857,175	+13	+133,102	1,365,472	1.85%
2021.08.20	1,770	▼ 90	-4.84%	1,033,320	-2	+67,551	1,232,370	1.67%
2021.08.19	1,860	▼ 90	-4.62%	705,080	-1	-25,411	1,164,819	1.58%
2021.08.18	1,950	▲ 35	+1.83%	480,017	-1	+76,739	1,190,230	1.61%
2021.08.17	1,915	▼ 110	-5.43%	897,911	-1	+26,986	1,113,491	1.51%
2021.08.13	2,025	▼ 35	-1.70%	607,730	+5	+15,524	1,091,363	1.48%
2021.08.12	2,060	▼ 30	-1.44%	310,019	0	+8,821	1,075,839	1.46%
2021.08.11	2,090	▼ 25	-1.18%	258,783	+1	+7,266	1,067,018	1.45%
2021.08.10	2,115	▼ 25	-1.17%	582,952	+67,298	-34,906	1,059,752	1.44%

외국인 · 기관 순매매 거래량

다. 평소 거래량이 50만 주 안팎으로 발생하던 회사였는데, 9월 3일 3,500만 주의 대량 거래량이 나온 뒤 캔들이 위꼬리를 달았습니다.

하지만 그 이후 주가는 거래량 없이 아래로 흐르고 있는 것으로 보아 세력의 매집과 개인 투자자의 물량을 체크했다고 판단했습니다. 세력의 매도 시기에 급등이 나오면 목표수익률 달성은 쉽게 할 수 있을 거라고 생각했습니다.

매집의 신호가 물타기 시점이다 2

캠시스 역시 매수 후 주가는 하락하여 매수가 대비 -20% 정도 되었습니다. 매수 후 6개월 동안 특별한 수급의 변화 없이 주가는 하락하거나 횡보했습니다. 예상보다 긴 기간 동안 횡보하던 주가는 매수 후 6개월 정도 지났을 시점인 2022년 4월 7일 이전보다 더 많은 거래량을 보여 주면서 바닥에서 상승으로 전환하려는 움직임이 포착되었습니다. 이 시점에 저는 추가 매수하면서 단가도 낮추면서 보유물량도 늘렸습니다.

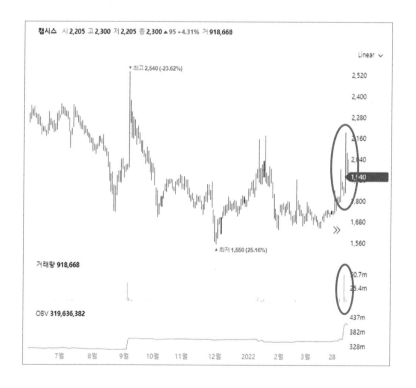

외국인 · 기관 순매매 거래량

날짜	종가	전일비	등락률	거래량	기관		외국인		
					순매매량	순매매량	보유주수	보유율
2022.05.04	1,885	▲ 30	+1.62%	439,822	+1	+40,141	1,480,374	2.01%
2022.05.03	1,855	▼ 25	-1.33%	348,329	-1	+40,627	1,440,233	1.95%
2022.05.02	1,880	▲ 40	+2.17%	383,575	0	+29,638	1,399,606	1.90%
2022.04.29	1,840	▲ 15	+0.82%	341,300	0	-7,996	1,390,568	1.88%
2022.04.28	1,825	▲ 5	+0.27%	267,834	+1	-35,034	1,398,564	1.89%
2022.04.27	1,820	▼ 15	-0.82%	439,115	0	+46,872	1,433,598	1.94%
2022.04.26	1,835	▼ 25	-1.34%	548,159	-1	+72,479	1,386,726	1.88%
2022.04.25	1,860	▼ 55	-2.87%	496,051	-1,500	-1,101	1,314,247	1.78%
2022.04.22	1,915	▲ 25	+1.32%	516,730	-15,701	+24,554	1,315,348	1.78%
2022.04.21	1,890	▼ 45	-2.33%	540,028	-19,897	-2,062	1,290,794	1.75%
2022.04.20	1,935	▲ 5	+0.26%	650,830	-20,135	-15,994	1,292,856	1.75%
2022.04.19	1,930	0	0.00%	631,075	-27,528	-37,522	1,308,850	1.77%
2022.04.18	1,930	▲ 40	+2.12%	1,014,605	-12,315	-36,442	1,346,372	1.82%
2022.04.15	1,890	▼ 10	-0.53%	595,167	-21,839	-13,229	1,382,814	1.87%
2022.04.14	1,900	▼ 5	-0.26%	739,951	-28,263	-30,910	1,396,043	1.89%
2022.04.13	1,905	▼ 20	-1.04%	897,896	-36,594	+726	1,426,953	1.93%
2022.04.12	1,925	▼ 35	-1.79%	1,708,395	-6,651	+132,723	1,426,227	1.93%
2022.04.11	1,960	▼ 55	-2.73%	3,274,223	-1,923	+44,033	1,293,504	1.75%
2022.04.08	2,015	▲ 40	+2.03%	8,905,495	+142,203	-72,665	1,249,471	1.69%
2022.04.07	1,975	▲ 145	+7.92%	50,724,182	+45,872	+36,382	1,322,136	1.79%

캠시스의 주가는 어떻게 되었을까요?

대량 거래가 발생하고 약 2달 뒤인 6월 9일에 기다리던 급등이 나왔고 목표수익률 10%를 달성하면서 수익 실현을 했습니다.

하지만 주가는 제가 매도한 이후에도 하락 후 다시 급등을 만들어 내면서 최고 3,055원까지 상승하여 1,550원 대비 무려 2배 정도 급등이 나왔습니다. 단기간에 2배의 급등은 정말 엄청난 것입니다.

캠시스에도 볼 수 있듯이 세력은 개인 투자자를 아주 지치게 만들면서 주가를 엄청나게 흔듭니다. 그러고는 결국 그들이 수익을 낼 수 있을 정도의 강한 급등을 만들어 냅니다.

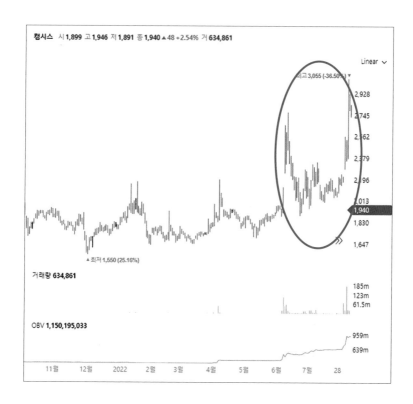

캠시스 시 1,899 고 1,946 저 1,891 종 1,940 ▲ 48 +2.54% 거 634,861

Linear ∨

최고 3,055 (-36.50%)

2,928
2,745
2,562
2,379
2,196
2,013
1,940
1,830
1,647

▲ 최저 1,550 (25.16%)

거래량 634,861

185m
123m
61.5m

OBV 1,150,195,033

959m
639m

11월　12월　2022　2월　3월　4월　5월　6월　7월　28

‹　주식잔고/손익　⋮

7110601549-01 [종합(평생혜택 비대면)] 조영준　∨

주식잔고　**실현손익**　평가손익추이　예수금

종목/일별/월별　　기간　　　종목

종목별 조회 ∨　　2022-06-09　　Q
　　　　　　　~2022-06-09

실현손익　　**488,012원**　10.58%

상세보기 ∨

매매일 ⬍	순손익금액 ⬍	매수단가 ⬍
종목명 ⬍	수익률 ⬍	매도단가 ⬍
2022-06-09 캠시스	10.58%	2,183 2,419

실제 매매 사례 3 – 소룩스

마지막으로 살펴볼 종목은 제가 블로그에서 추천하고 최근 드라마틱한 급등으로 큰 수익을 냈던 '소룩스'입니다. 이것은 2021년 5월 4일에 블로그에 추천하면서 매수했던 종목입니다.

소룩스의 경우 매수 후 약 2년의 기간을 보유하는 동안 주가가 약 −60%까지 하락했습니다. 앞서 말했다시피 저는 절대로 손절 없는 투자를 합니다. 손절 기준에 대한 자세한 내용은 4장에서 다시 다루겠습니다.

저는 제 기준 때문에 −60%가 하락하였음에도 불구하고 손절하지

않았습니다. 가장 큰 이유는 제가 가장 중요하게 생각하는 보조지표인 OBV 때문이었습니다. 수급을 볼 때 아직 큰 매도가 일어나지 않았다고 보았기 때문입니다.

소룩스의 주가는 어떻게 되었을까요?

결론만 말하자면 3일 연속 상한가가 나오면서 주가가 엄청나게 급등했습니다. 저도 이 시기에 수익을 실현하여 수익률 32.5%의 만족스러운 결과로 투자를 마감했습니다.

그럼 다시 주제로 돌아와서 물타기는 언제 하는 것이 가장 좋은지 이야기해 보겠습니다.

주식을 하다 보면 매수한 종목이 하락하여 물리기 마련입니다. 저도 이런 경험을 많이 했습니다. 하지만 절대로 손절하지 않고 물타기의 때를 기다립니다.

그럼 언제 물타기를 하는 것이 가장 좋을까요?

조건 1. 주가가 충분히 하락했다고 판단이 될 때 : 하락이 어느 정도 멈추고 이평선의 이격도가 줄어들어서 이평선이 응집되면서 횡보를 어느 정도 했을 때가 가장 좋습니다.

조건 2. 평소에 없던 거래량이 나왔을 때 : 저는 거래량을 중요하게 생각합니다. 거래량을 절대 속일 수 없습니다. 거짓말을 할 수 없는 것이죠.

다음 차트에서 첫 번째 동그라미를 보면 평소 거래량의 50배 정도 거래량이 터진 날을 볼 수 있습니다. 그날 대량 수급이 들어온 것을 볼 수 있죠?

저렇게 많은 돈을 들여서 매수했는데 일반 개인이 할 수 있는 것일까요? 전 절대 아니라고 생각합니다. 그렇기 때문에 이런 차트가 나온 이후부터는 물타기를 하며 평단을 낮춘다면 언젠가 나올 급등에

수익을 낼 수 있습니다. 저렇게 대량으로 들어온 자금이 나가기 위한 상승이 분명히 나올 것이기 때문입니다.

제가 중요하게 말하고자 하는 게 무엇인지 파악하셨지요?

수급을 보고 물을 타야 한다는 것입니다. 이런 기준 없이 물타기를 했다가는 투자 자금이 금방 바닥날 것입니다.

세력의 매집 살펴보기

소룩스의 차트는 개미를 털고 가는 전형적인 모습입니다. 주가가 2만 원 중반에서 1만 원 이하가 되기까지 약 1년 6개월 동안 하락시키면서 이미 상당수의 개인 투자자를 떠나게 했습니다. 그래서 세력을 종목을 급등시킬 때 개미털기라고 부르는 개인 투자자의 물량을 시장에 나오게 하고 시장의 물량을 매집하는 패턴을 이해가 잘되도록 이야기를 만들어 보겠습니다.

1번 구간 : 1번 구간에서 엄청난 거래량으로 첫 번째 급등을 시키면서 개인 투자자의 물량을 체크하고 주가를 다시 제자리로 돌려놓습니다. 이날 급등하는 주가를 보고 희망을 가지던 개인 투자자들은 상승 후 원래 자리로 돌아온 주가를 보면서, 다시 상승하면 무조건 팔겠다고 다짐합니다.

2번 구간 : 1번 구간의 급등이 나오고 한 달 정도 주가가 추가로 하락

하고, 다시 2번 구간에서 거래량을 동반하면서 재급등을 합니다. 이때 1번 구간에서 팔지 못한 개인 투자자들은 손절하면서 물량을 내놓고 세력(?)이 개인의 물량을 받아 갑니다. 그런데 혹시나 하는 마음에 홀딩한 개인 투자자들은 이번에도 다시 제자리로 돌아온 주가를 보면서 마지막으로 기회를 주면 무조건 털고 나가겠다고 다시 다짐합니다.

　　3번 구간: 야속하게 주가는 하락 및 횡보하면서 4개월이 더 흐르고 이 기간에도 개인 투자자는 "다시는 소룩스 쳐다도 안 본다."고 이야기하면서 계속 손절합니다. 그런데 4개월 만에 3번 구간에서 다시 급등이 나옵니다. 이때 거의 모든 개인 투자자는 물량을 넘기면서 손절하고 나간 상태이고, 일부 남은 개인 투자자들은 다시 주가가 제자리로 온 것을 보면서 자포자기하는 마음으로 손절하고 떠나게 됩니다.

이것이 일반적인 개미털기 작업 방식입니다. 이런 시간을 지나면서 유통 물량의 상당수가 세력에게 넘어간 것이죠.

4번 구간 : 드디어 세력이 마음먹고 주가를 급등시킵니다. 그냥 올리는 것이 아니라 상한가를 보냈다가 다시 10%를 하락시켰다가 다시 상한가로 보냈다가를 반복하면서 개인 투자자의 불안감을 자극하여 마지막 개인 물량까지 다 빼앗고 첫 번째 상한가에 안착합니다. 개인 투자자 물량을 최대한 확보하기 위한 마지막 작업입니다. 그리고 장 마감과 동시에 호재 공시를 냅니다.

5번 구간 : 장 시작과 동시에 아주 적은 돈으로 2연속 상한가(쩜상)을 보냅니다. 개인 물량이 거의 없기 때문에 적은 돈으로 손쉽게 주가를 상한가에 안착시키는 것입니다.

여기까지가 급등주 또는 작전주라고 불리는 종목의 전형적인 모습입니다.

세력주 투자 기술

04 세력을 이기는 매수·매도의 최적 시점

주식을 사면 물려 버리고, 기다리다가 팔면 올라 버리는 투자로 속상한 경험을 한 적이 한 번쯤은 있을 것입니다. 저도 OBV를 통해 세력이 어떤 종목을 매집하는지 알게 되었지만 매수 후 주가가 추가로 하락하여 물타기를 해야 하는 상황을 경험했습니다.

지금부터 매수와 매도의 최적 시점을 찾을 수 있도록 상승이 임박할 때는 매수 신호를 주고, 하락이 임박할 때는 하락 신호를 주는 보조지표를 알아보겠습니다.

첫 번째 비밀 - RSI

RSI는 Relative Strength Index의 약자로 우리말로는 상대강도지수라고 합니다. 가격의 상승압력과 하락압력 간의 상대적인 강도를 나타내는 지표로 미래 주가의 강세 및 약세를 예측할 수 있는 보조지표입니다.

RSI 값이 70 이상이면 과매수 상태로 판단하여 매도 시점으로 생각할 수 있고, 30 이하이면 과매도 상태로 판단하여 매수 시점으로 생각할 수 있습니다. RSI 중간값인 50을 기준으로 50 이상의 경우는 매수하려는 힘이 강하다고 볼 수 있고, 50 이하인 경우는 매도하는 힘이 강하다고 볼 수 있습니다.

RSI가 70% 이상일 때 : 매수 과열 구간(매도 시점)

RSI가 30% 이하일 때 : 매도 과열 구간(매수 시점)

디노의 실전 RSI 매매 꿀팁

제가 실제로 매매하면서 해당 지표를 사용해 보니 RSI가 매수 과열 구간인 70을 상향 돌파했다가 다시 70 아래로 내려갈 때가 최적의 매도 시점이었습니다. 반대로 RSI가 매도 과열 구간인 30을 하향 돌파했다가 다시 30 위로 올라갈 때가 최적의 매수 시점이었습니다.

매도 최적 시점 : RSI가 70% 이상 구간에서 70% 아래로 내려올 때

매수 최적 시점 : RSI가 30% 이하 구간에서 30% 위로 올라갈 때

차트를 보면서 최적의 매수, 매도 시점이었는지 아닌지 살펴보겠습니다.

옆 페이지의 차트는 코스피 지수를 추종하는 KODEX 코스피란 종목입니다.

1번 구간 : 2022년 6월 13일 RSI가 과매도(침체) 구간에 진입했습니다. 그리고 6월 24일 과매도 구간에서 위로 돌파가 나왔고 지수는 8월 중순까지 상승으로 이어졌습니다.

2번 구간 : 2022년 9월 23일 RSI가 과매도(침체) 구간에 진입했습니다. 그리고 10월 4일 과매도 구간에서 위로 돌파가 나왔고 지수는 11월 중순까지 상승으로 이어져서 과매수 시그널이 나온 3번 구간까지 상승했습니다. 차트를 자세히 보면 침체 구간 진입 시점이 아닌 상향 돌파 시점은 10월 4일 주가가 최저점인 것을 볼 수 있습니다.

1, 2번 구간처럼 RIS가 과매도로 진입 후 과매도 구간을 상향 돌파할 때 단기적으로 주가는 반등할 가능성이 큽니다.

3번 구간 : 2022년 11월 11일 RSI가 과매수(과열) 구간에 진입했습니다. 그리고 11월 17일 과매수 구간에서 아래로 돌파가 나왔고 지수는 2023년 1월 초까지 하락했습니다.

4번 구간 : 2023년 1월 26일 RSI가 과매수(과열) 구간에 진입했고, 하루 만인 1월 27일 과매수 구간에서 아래로 돌파가 나왔고 지수는 3

월 중순까지 완만하게 하락하고 있습니다.

3, 4번 구간처럼 RIS가 과매수로 진입 후 과매수 구간을 하향 돌파할 때 단기
적으로 주가는 하락할 가능성이 큽니다.

RSI 지표 설정하는 방법

네이버 증권을 포함한 증권사 앱에서 무료로 기본으로 제공하는
보조지표입니다. 지금 바로 차트 설정으로 들어가서 설정하기 바랍
니다. RSI 설정값은 기본값인 Reriod 14일, Signal 9일, 과열 70%, 침
체 30%를 따르면 됩니다.

1) 네이버 증권

네이버 증권에서 종목을 검색 → 차트 → 보조지표를 열고 → RSI 를 체크하면 끝입니다.

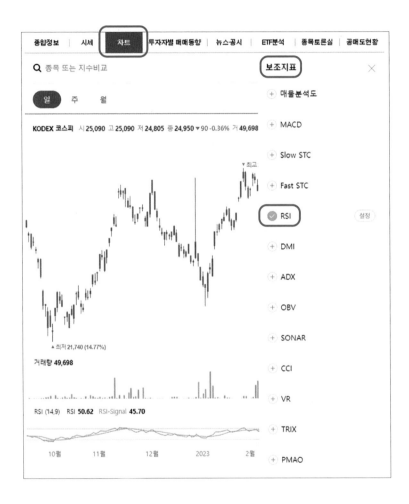

2) 키움증권 HTS

키움증권 HTS의 경우 [0601] 주식종합차트에서 RSI를 검색하면 쉽게 설정할 수 있습니다.

3) 키움증권 MTS

키움증권 MTS의 경우 메뉴 하단의 차트에서 보조지표를 클릭한 후 RSI를 찾아 선택하면 쉽게 설정할 수 있습니다.

두 번째 비밀 - 투자심리선

부동산이든 주식이든 코인이든 사람의 심리가 시장의 가격 형성
에 큰 영향을 줍니다. 조금이라도 더 싸게 사고 싶은 매수자와 가격

을 좀 더 높게 받고 싶은 매도자의 심리가 항상 공존하기 때문입니다.

'투자 심리가 과열되었다.', '부동산 시장의 매수 심리가 침체되었다.'는 말을 미디어에서 쉽게 들어 볼 수 있습니다. 주식 투자에서도 큰 도움이 되는 투자 심리를 보는 방법과 투자심리선 지표를 활용하여 매수, 매도 시점을 잡는 방법에 대해서 알아보겠습니다.

투자심리선이란 투자 심리의 변화를 일정 기간 파악하여 시장 상황이 과열 상태인지 침체 상태인지 여부를 알아보는 투자지표입니다. 일반적으로 최근 10일간 주가 상승일수를 백분율로 나타낸 것입니다. 주가가 거래일을 기준으로 매일 오른다면 투자심리선은 100%, 반대로 매일 내린다면 0%로 표기되는 것이죠.

투자심리선 = 10일 중 주가 상승일수 / 10일 × 100

예) 10일 동안 상승일수가 8일, 하락일수가 2일 경우 투자심리선은 몇 %?

투자심리선 = 8/10 × 100 = 80%

투자심리선의 값이 75 이상이면 투자 심리 과열 구간으로 매도 시점, 25 이하이면 투자 심리 침체 구간으로 매수 시점이라 판단할 수 있습니다. 일반적으로 사람들은 상승일수가 너무 많으면 이제 내릴 것이라고 생각하게 되고, 하락일수가 너무 많으면 오를 것이라고 판

단하고 매수하려고 합니다. 이러한 심리를 지표로 표현한 것이라고
이해하면 됩니다.

투자심리선 지수가 75% 이상일 때 : 투자 심리 과열 구간(매도 시점)

투자심리선 지수가 25% 이하일 때 : 투자 심리 침체 구간(매수 시점)

디노의 실전 투자심리선 매매 꿀팁

제가 실제로 매매를 하면서 해당 지표를 사용해 보니 투자심리선
역시 RSI와 마찬가지로 매수 과열 구간인 75를 상향 돌파했다가 다시
75 아래로 내려갈 때가 최적의 매도 시점이었습니다. 반대로 투자심
리선이 매도 과열 구간인 25를 하향 돌파했다가 다시 25 위로 올라
갈 때가 최적의 매수 시점이었습니다.

매도 최적 시점 : 투자심리선 지수가 75% 이상 구간에서 75% 아래로 내려올 때

매수 최적 시점 : 투자심리선 지수가 25% 이하 구간에서 25% 위로 올라갈 때

156

투자심리선의 경우 단기적인 관점으로 볼 때 매매 승률을 높일 수 있는 보조지표입니다. 하지만 투자심리선 75 이상인 과열과 25 이하인 침체 구간은 자주 발생하지 않기 때문에 단독으로 사용하는 것보다 다른 보조지표와 함께 사용한다면 더 좋은 매수, 매도 시점을 잡을 수 있을 것입니다.

그럼 차트를 보면서 투자심리선과 주가의 상관관계를 살펴보겠습니다.

위 차트는 코스피 지수를 추종하는 KODEX 코스피란 종목입니다.

1번 구간 : 2022년 7월 27일 투자심리선이 과매수(과열) 구간에 진입했습니다. 그리고 8월 17일 과매수 구간에서 아래로 이탈이 나왔고 지수는 9월 26일까지 하락으로 이어져서 침체 시그널이 나온 2번 구간까지 하락했습니다. 차트를 자세히 보면 과열 구간 진입 시점이 아닌 이탈 시점인 8월 17일이 최고점인 것을 볼 수 있습니다.

2번 구간 : 2022년 9월 26일 투자심리선이 과매도(침체) 구간에 진입했습니다. 그리고 9월 28일 과매도 구간에서 위로 돌파가 나왔고 지수는 12월 초까지 상승으로 이어지는 것을 볼 수 있습니다.

3번 구간 : 2022년 12월 7일 투자심리선이 과매도(침체) 구간에 진입했습니다. 그리고 12월 27일 과매도 구간에서 상향 돌파가 나왔고 지수는 2023년 2월 초까지 상승하여 과열 시그널이 나온 4번 구간까지 꾸준히 상승했습니다.

4번 구간 : 2023년 1월 16일 투자심리선이 과매수(과열) 구간에 진입했습니다. 그리고 2월 6일 과매수 구간에서 아래로 돌파가 나왔고 지수는 3월 중순까지 완만하게 하락하고 있습니다.

1. 4번 구간처럼 투자심리선이 과매수로 진입 후 과매수 구간을 하향 돌파할 때 단기적으로 주가는 하락의 가능성이 큽니다. 2. 3번 구간처럼 투자심리선이 과매도로 진입 후 과매도 구간을 상향 돌파할 때 단기적으로 주가는 반등의 가능성이 큽니다.

세력주 투자 기술

투자심리선 지표 설정하는 방법

네이버 증권을 포함한 증권사 앱에서 무료로 제공하고 있습니다.

1) 네이버 증권

네이버 증권에서 종목 검색 → 차트 → 보조지표를 열고 → 투자
심리선을 체크합니다.

2) 키움증권 HTS

키움증권 HTS의 경우 [0601] 주식종합차트에서 투자심리선을 검색하면 쉽게 설정할 수 있습니다.

세력주 투자 기술

3) 키움증권 MTS

키움증권 MTS의 경우 메뉴 하단의 차트에서 보조지표를 클릭한 후
투자심리선을 찾아 선택하면 쉽게 설정할 수 있습니다.

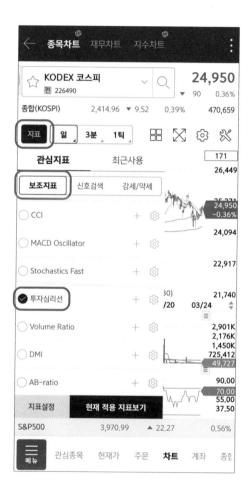

세력주 매수 급소 파악하기

RSI와 투자심리선은 개별로 사용해도 향후 주가를 예상할 때 유용한 보조지표입니다. 하지만 무엇이든 항상 맞는 것은 없습니다. 그래서 보조지표 3가지를 동시에 적용하여 매매 시 사용해 보았습니다. OBV를 통해서 세력이 매집을 포착한 종목을 찾고, RSI와 투자심리선이 동시에 침체 구간에 진입했을 때 매수하는 것입니다. 결과는 놀라웠습니다.

1) 영보화학

가장 먼저 살펴볼 종목은 블로그에서 추천하고 수익을 실현했던 영보화학입니다.

앞 페이지의 차트를 보면 세력의 매집으로 보이는 1번과 2번 구간이 있습니다. 평소 거래량이 10~30만 주 정도였던 영보화학에서 1번과 2번 구간에서 무려 700만 주, 900만 주의 대량 거래가 발생했습니다. 그 뒤 거래량이 없이 주가는 고점 대비 약 40% 이상 하락했는데도 불구하고 OBV가 계단식으로 증가하는 것을 볼 수 있습니다. 이것은 앞에서 설명한 것과 같이 매집 후 아직 세력의 물량이 나가지 못한 것, 즉 수익 실현을 하지 못한 것으로 볼 수 있습니다.

주가가 상당히 하락한 3번 구간에서 RSI와 투자심리선이 동시에 과매도(침체) 구간에 진입한 것을 볼 수 있습니다. 디노의 실전 매매 꿀팁에서 알려 준 것처럼 과매도 구간에서 침체 구간을 상향 돌파하는 시점에서 매수하는 것이 최적의 시점인 것입니다. 만약 3번 구간에서 매수했다면 단기에 주가가 약 40% 급등하는 달콤함을 누릴 수 있었습니다.

2) KH바텍

이번에 살펴볼 종목은 블로그에서 추천하고 수익을 실현했던 KH
바텍입니다.

위 차트를 보면 세력의 매집으로 보이는 1번과 구간이 있습니다.
2021년 9월 대량 거래와 함께 주가가 급등한 이후 2022년 10월까지
약 1년이 조금 넘는 시간 동안 주가는 특별한 거래량 없이 하락했습
니다. 주가가 약 60% 하락했는데도 불구하고 OBV는 유지하는 것을
볼 수 있습니다.

2022년 10월 고점 대비 주가가 상당히 하락한 2번 구간에서 RSI와
투자심리선이 동시에 과매도(침체) 구간에 진입한 것을 볼 수 있습니

다. 만약 주가가 최저점인 2번 구간에서 매수했다면 11,600원 저점 대비 약 60% 이상 수익을 얻을 수 있었습니다.

3) 미코

다음으로 살펴볼 종목은 제가 블로그에서 추천하고 수익을 실현했던 미코입니다. 개인적으로는 이런 모습의 차트를 가장 선호합니다.

위 차트를 보면 세력의 매집으로 보이는 1번과 2번 구간이 있습니다. 1번 구간에서 2번 구간으로 가는 약 1년의 기간 동안 주가는 상승과 하락을 반복했지만, 자세히 보면 위꼬리가 길게 달린 양봉이 발생한 날만 대량 거래가 나온 것을 볼 수 있습니다. 세력이 개인 투자

자의 물량을 확인할 때 가장 많이 나오는 패턴입니다.

　대량 거래를 동반한 위꼬리가 긴 양봉 캔들이 많을 경우, 상승을 위한 에너지를 비축하는 것이라고 해석할 수도 있습니다. 하지만 2번 구간을 지나 3번 구간으로 갈 때 다시 주가는 급락하여 40% 정도 추가 하락한 3번 구간에서 RSI와 투자심리선이 동시에 과매도(침체) 구간에 진입한 것을 볼 수 있습니다.

　여기서 주목할 것이 있습니다. 위꼬리가 길게 발생한 양봉이 나오고 나면 거래량이 없이 주가가 흘러내렸다는 것입니다. 만약 거래량이 터지면서 주가가 흘러내렸다면 세력도 신이 아니기에 손실을 보고 털렸다고 볼 수도 있겠지만, 거래량이 없는 경우는 세력이 그림을 그리고 있는 중이라고 보면 됩니다.

　만약 미코를 3번 구간 진입 전에 매수했다면 RSI와 투자심리선이 동시에 침체 구간에 진입한 이 시점이 물타기의 적기입니다. 우리는 한정된 금액으로 투자를 하기 때문에 이런 확실한 신호가 나오지 않으면 절대로 추가 매수를 하면 안 된다는 것을 꼭 기억하고 매매하길 바랍니다.

　3번 구간을 지난 주가는 어떻게 되었을까요?

　　3번 구간의 주가인 5,920원 대비 250% 정도 상승한 14,770원까지 급등했습니다. 개미털기라고 부르는 개인 투자자의 물량을 뺏는 기간이 길수록 세력은 시원하게 주가를 급등시키는 모습을 볼 수 있습니다. 세력이 개인 투자자의 물량을 노리는 그 구간만 버틴다면 단기에 큰 수익을 얻을 수 있습니다.

마지막으로 살펴볼 종목은 제가 블로그에서 추천하고 수익을 실현했던 남화산업입니다.

위 차트를 보면 주가가 고점 대비 약 30% 하락한 1번 구간에서 세력의 매집으로 보이는 대량 거래가 발생했습니다. 그리고 주가는 세력의 전형적인 개미털기의 패턴대로 거래량 없이 3개월 동안 하락했고 2번 구간까지 10% 정도 추가 하락했습니다. 1번 구간에 이어 2번 구간에서도 위꼬리가 길게 발생한 양봉과 함께 대량 거래가 나온 것으로 볼 때 세력의 매집이 이어지는 것으로 볼 수 있습니다.

여기서 남화산업의 경우 앞에서 살펴본 세 종목과 조금은 다른 모습을 보여 줍니다.

2번 구간에서 RSI와 투자심리선이 동시에 침체 구간에 진입하여 조만간 상승이 나올 것을 기대해 볼 만한데, 다시 한 번 3번 구간에서 위꼬리를 달면서 개미털기를 시전하고 있습니다.

남화산업의 패턴은 쉽게 설명하면 이렇습니다. A란 주식이 장중 500원까지 올랐다가 종가는 400원으로 하락 마감하고, 일주일 정도 지나서 다시 장중 급등하여 500원까지 올랐다가 종가는 400원으로 하락하는 경우가 반복되는 것입니다.

이렇게 장중 고점을 찍고 다시 시초가 근처로 하락하는 위꼬리 양봉이 반복되면 '이 주식은 고점 돌파를 못하는구나.'라는 생각을 하게 되고, 지친 개인 투자자들은 더 이상 기다리지 못하고 매도를 하게 되는 것입니다. 웬만한 멘탈의 개인 투자자가 아니고서는 견디기 힘듭니다.

남화산업의 세력이 이렇게 1번 구간부터 3번 구간까지 약 5개월 동안 개미털기를 한 후 주가는 어떻게 되었을까요?

주가는 최저점인 6,500원 대비 약 30% 이상 급등한 9,500원까지 단기간에 상승했습니다. 역시 대량 거래를 동반한 위꼬리 양봉 캔들은 세력들이 가장 쉽게 보여 주는 급등 패턴입니다.

결론 – 좋은 종목을 매수했다면 시간은 우리 편이다

실제 매매 사례를 통해서 본 것처럼 세력은 급등의 신호를 동일한 패턴으로 보여 줍니다. 지나고 나서 보면 너무나 쉽지만, 우리가 실제 보유하는 중에 저렇게 주가를 흔들면 목표수익률을 달성할 때까지 보유하는 것이 쉽지는 않습니다.

최근 들어 이런 질문을 많이 받습니다.

"1년이 넘는 기간 동안 어떻게 버티셨어요?"

"-30% 이상 손실이 발생했는데 수익이 날 때까지 어떻게 버티셨어요?"

답은 아주 간단합니다.

본인이 공부해서 확신을 가지고 매수한 종목은 기다릴 수 있습니다. 좋은 종목을 매수했으니 세력이 바닥에서 매집하는 시그널이 나오면 물타기를 하고, 보유하는 동안 연말을 맞이하면 배당도 받으면서 기다리면 되는 것입니다.

좋은 종목을 매수했다면 결국 시간은 우리 편입니다.

몇만 원짜리 물건을 살 때도 오랫동안 고민합니다. 그런데 훨씬 큰 돈으로 주식 투자를 하는데 그런 고민도 없이 하는 사람이 있나요?

그럼 주식을 접길 바랍니다.

블로그를 보고, 유튜브를 보고 다른 사람이 추천한 것을 따라 매수하면 절대 이런 기간을 버티지 못합니다. 알고도 당하는 것이 주식판입니다. 결국 투자는 자신의 몫입니다.

이 책을 보는 모든 투자자의 성공 투자를 응원하면서 말씀드리겠습니다.

"주식은 멘탈이 90, 기술이 10입니다."

05 매매 승률을 높이는 비법 - 일목균형표

일목균형표란?

보통 주식을 분석할 때 '가격이 고점 대비 얼마나 하락해서 반등이 나오겠다.', '주가가 바닥에서 대량 거래가 터졌다.'라는 이야기를 많이 합니다. 왜냐하면 대부분의 주식 보조지표는 주식의 가격이나 거래량을 기반으로 분석하는 방법이기 때문입니다.

그런데 일목균형표는 다른 지표와 달리 시간 개념이 포함된 보조지표로 주가가 일정한 시간 간격으로 변한다는 것을 기초로 한 것입니다. 일목산인이란 필명의 이치모쿠 산징이란 일본인이 고안했습니다. 한자로 '일목(一目)', 즉 한눈에 간단명료하게 본다는 의미를 가지고 있습니다. 시세의 현재성과 균형을 간단명료하게 보여 주기 위해 고안된 분석 기법으로 과거의 시세와 현재의 시세가 미래에 미치는 영향과 상관관계를 분석하여 주가의 추세 예측을 한눈에 볼 수 있는 것이 특징입니다.

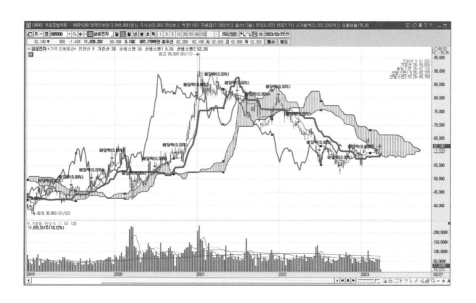

위 그래프는 일목균형표를 적용한 삼성전자의 차트입니다. 간단명료하게 한눈에 파악할 수 있다고 했는데 이제껏 소개한 지표 중에 가장 난해해 보이지요?

지금부터 구성 요소부터 실전 매매 활용 방법까지 쉽게 설명할 것이니 당황하지 말고 끝까지 잘 따라오길 바랍니다.

일목균형표의 구성

일목균형표는 5개의 선과, 2개의 선이 만들어 내는 2종류의 구름대로 구성되어 있습니다. 5개의 선은 기준선, 전환선, 후행스팬, 선행스팬 1, 선행스팬 2를 말하고, 2종류의 구름대는 양운과 음운으로 부릅니다.

이제 각각의 선과 구름대의 의미와 특징 그리고 실전 매매 적용 방법에 대하여 좀 더 자세히 알아보겠습니다.

1-1) 기준선이란?

기준선이란 일목균형표에서 기준이 되는 선으로 시세의 중심을 보여 줍니다. 또한 시세의 방향성과 주가의 지지 및 저항의 기준이 되는 선입니다. 기준선은 최근 26일간의 최고가와 최저가를 연결해서 만든 선으로 산출하는 방식은 다음과 같습니다.

기준선 = (최근 26일의 최고가 + 최근 26일의 최저가) / 2

다음 차트에서 기준선은 회색 선으로, 26일을 나타내는 박스가 하루
씩 앞으로 이동하면서 최고가와 최저가의 변경에 따라 기준선의 값을
계속 새롭게 만들어 냅니다. 현재 차트처럼 시간이 지났는데도 최근
26일의 최고가와 최저가가 동일할 경우 기준선은 수평을 유지합니다.

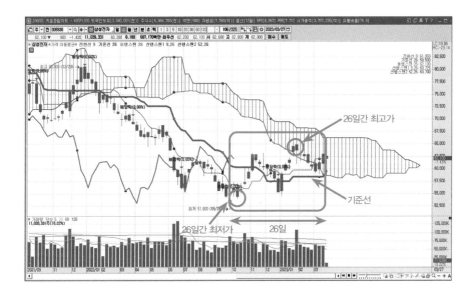

 기준선은 시세의 기준이 되기 때문에 현 주가(캔들)가 기준선 위에 있으면 시세가 강하다고 볼 수 있고, 반대로 주가(캔들)가 기준선 아래에 있다면 시세가 약하다고 볼 수 있습니다. 또한 기준선이 보여 주는 방향은 시세의 방향성을 나타내기 때문에 주가의 상승에는 기준선의 상승이 필요하고, 기준선이 하락 중에는 상승이 제한적입니다.

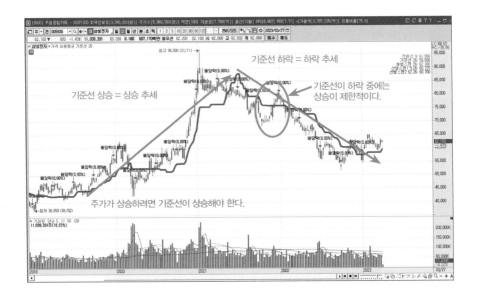

2-1) 전환선이란?

전환선이란 기준선보다 다소 빠른 움직임을 보이는 선으로 기준선과 함께 시세의 균형 관계를 보여 주는 선입니다. 전환선의 산출하는 방식은 다음과 같습니다.

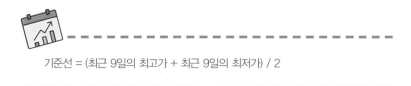

기준선 = (최근 9일의 최고가 + 최근 9일의 최저가) / 2

다음 차트에서 전환선은 초록색으로, 최근 9일간의 최고가와 최저가를 연결해서 만든 선입니다.

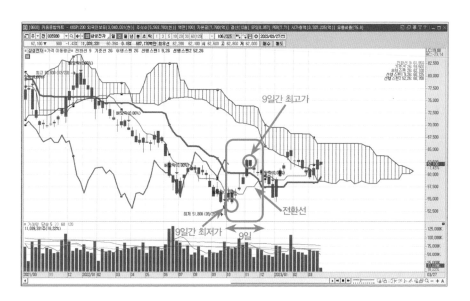

2-2) 전환선의 활용

전환선은 기준선과의 돌파 시점에 따라 주가의 예측이 가능한 지표입니다. 전환선이 기준선 아래에 위치할 때 하락 추세로 볼 수 있고, 전환선이 기준선의 위에 위치할 때 상승 추세로 볼 수 있습니다.

또한 전환선이 기준선을 하향 돌파(데드크로스 발생)하는 경우 매도 신호로 볼 수 있고, 전환선이 기준선을 상향 돌파(골든크로스 발생)하는 경우 매수 신호로 볼 수 있습니다.

전환선이 기준선을 하향 돌파 – 매도 신호

전환선이 기준선을 상향 돌파 – 매수 신호

세력주 투자 기술

3-1) 후행스팬이란?

일목산인은 일목균형표에 무엇 하나 쓸모없는 게 없지만, 그중 후행스팬만은 결코 소홀히 해서는 안 된다고 강조했습니다. 후행스팬이란 현재의 주가를 26일 뒤로 이동시켜 연결한 선으로, 현재의 주가와 한 달 전의 주가를 비교하여 시세의 추세를 보고자 만들어 낸 지표입니다.

3-2) 후행스팬의 활용

후행스팬이 주가를 돌파하는 시점에 따라 주가를 예측할 수 있습니다. 후행스팬이 주가를 하향 돌파(데드크로스 발생)하는 경우 매도 신호로 볼 수 있고, 후행스팬이 주가를 상향 돌파(골든크로스 발생)하는 경우 매수 신호로 볼 수 있습니다.

후행스팬이 주가를 하향 돌파 − 매도 신호

후행스팬이 주가를 상향 돌파 − 매수 신호

더 확실한 신호는 후행스팬이 주가를 상향 돌파하고, 전환선이 기준선을 상향 돌파했을 때 주가가 상승할 확률이 훨씬 높습니다. 반대로 후행스팬이 주가를 하향 돌파하고, 전환선이 기준선을 하향 돌파했을 때 주가가 하락할 확률이 훨씬 높아집니다.

후행스팬과 전환선이 동시 만족할 경우 확률이 높아짐

확실한 매도 신호 : 후행스팬이 주가를 하향 돌파 + 전환선이 기준선을 하향 돌파

확실한 매수 신호 : 후행스팬이 주가를 상향 돌파 + 전환선이 기준선을 상향 돌파

4-1) 선행스팬이란?

선행스팬 1은 전환선과 기준선의 중간값을 26일 앞으로 이동시켜
연결한 선으로, 다음 차트에서 붉은색 선입니다.

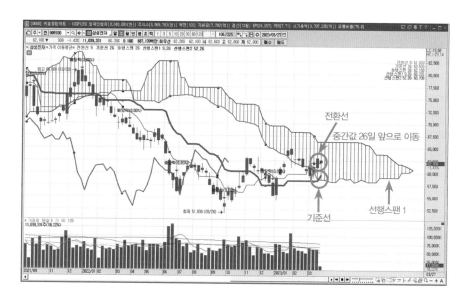

선행스팬 2는 과거 52일간의 최고가와 최저가의 중간값을 26일 앞으로 이동시켜 연결한 선으로, 다음 차트에서 파란색 선입니다.

4-2) 선행스팬의 활용

선행스팬 1과 선행스팬 2 사이를 구름대라고 부르고, 선행스팬 1이 선행스팬 2의 위에 있을 때는 양운, 선행스팬 1이 선행스팬 2의 아래에 있을 때는 음운이라 부릅니다.

양운의 경우 매수세가 강하고, 음운의 경우 매도세가 강한 것을 의미합니다.

주가가 구름대를 하향 돌파(데드크로스 발생)하는 경우 매도 신호로 볼 수 있고, 주가가 구름대를 상향 돌파(골든크로스 발생)하는 경우 매수 신호로 볼 수 있습니다.

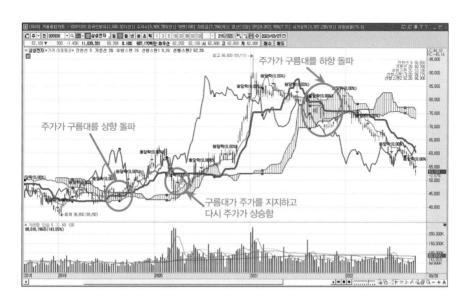

구름의 두께는 매물대를 나타내며, 구름대는 주가를 지지하고 저항하는 역할을 합니다. 따라서 주가가 상승 추세에 있을 경우 구름대를 이탈하지 않는다면 구름대가 주가를 지지하는 역할을 하게 되니 구름대를 하향으로 이탈할 때까지 매도가 아닌 홀딩 전략을 취해서 수익을 극대화하는 것이 필요합니다.

지수 하락을 예측하다

2021년 6월 말을 기억하나요?

코스피 지수가 사상 처음으로 3,300을 돌파했고, 모든 증권사에서 주가는 더 오를 것이라고 연일 뉴스를 쏟아 냈습니다. 어떤 증권사에서는 코스피가 4,000을 돌파할 것이니 영끌하여 주식을 사라고 부추기기도 했습니다.

하지만 역시 모두가 상승에 취해 있는 그때가 가장 위험한 때였고, 돌아보니 그때가 코스피의 최고점이었습니다. 만약 그때 일목균형표를 알고 있었다면 어땠을까요?

다음 차트는 코스피 지수를 추종하는 KODEX 코스피의 주봉입니다. 주봉의 경우 장기 추세를 보기에 유용하기 때문에 종목이 아닌 지수의 움직임을 예측할 때는 주봉을 보는 것을 추천합니다.

다음 차트에서 붉은색 박스로 표기한 시점은 2021년 9월 말입니다. 이때 앞에서 설명한 모든 매도 신호가 동시에 나왔습니다.

KOSPI 시 2,424 고 2,424 저 2,396 종 2,409 ▼6 -0.24% 거 472,847

Linear ∨

▼ 최고 3,316.08 (-27.35%)

3,304
3,186
3,068
2,950
2,832
2,714
2,596
2,478
2,409
2,360
2,242
2,124

2022-05-20 시간 2,605.78 7.11

▲ 최저 2,134.77 (12.86%)

거래량 472,847

2.35m
1.17m

OBV 68,188,152

97.3m
83.4m
69.5m

6월   10월   2022   4월   8월   2023

매도 신호 3가지

1. 기준선의 추세가 상승에서 하락으로 전환 시작

2. 전환선이 기준선을 하향 돌파

3. 후행스팬이 주가를 하향 돌파

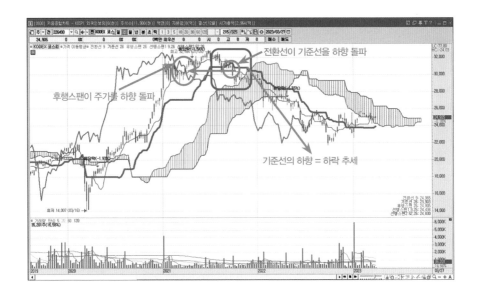

전환선이 기준선을 하향 돌파

후행스팬이 주가를 하향 돌파

기준선의 하향 = 하락 추세

만약 이 시그널을 보고 2021년 9월 말 또는 10월 정도에 최대한 현금화했거나, 아니면 좀 더 공격적으로 하락에 베팅하는 인버스를 매수했다면 손실을 최소화하고 오히려 수익을 낼 수 있는 기회로 삼을 수 있었을 것입니다.

종목뿐만 아니라 지수의 추세를 예측할 수 있는 일목균형표를 통해서 매매의 승률을 극대화하길 바랍니다.

일목균형표를 설정하는 방법

일목균형표의 설정값은 기본으로 설정된 전환선 9, 기준선 26, 후행스팬 26, 선행스팬 1 9.26, 선행스팬 2 52.26을 따르면 됩니다.

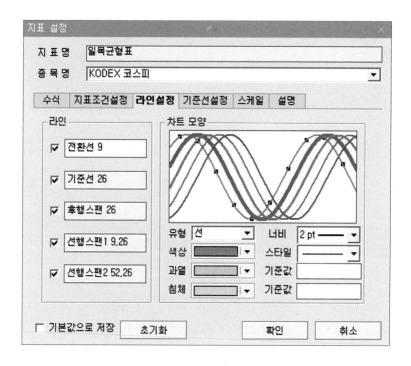

1) 네이버 증권

먼저 모바일이나 PC에서 모두 사용할 수 있는 네이버에서 설정해 보겠습니다. 무료로 제공하니 무조건 설정해서 사용하기 바랍니다.

네이버 증권에서 해당 종목을 입력한 후→차트→보조지표를 열고→일목균형표를 체크하면 됩니다.

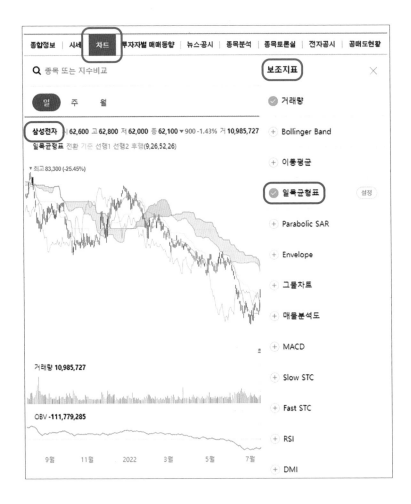

종합정보 | 시세 | **차트** | 투자자별 매매동향 | 뉴스공시 | 종목분석 | 종목토론실 | 전자공시 | 공매도현황

🔍 종목 또는 지수비교   **보조지표**   ✕

일   주   월   ✔ 거래량

삼성전자 시 62,600 고 62,800 저 62,000 종 62,100 ▼900 -1.43% 거 10,985,727   ⊕ Bollinger Band
일목균형표 전환 기준 선행1 선행2 후행(9,26,52,26)

                                                  ⊕ 이동평균

▼최고 83,300 (-25.45%)   ✔ **일목균형표**   설정

                                                  ⊕ Parabolic SAR

                                                  ⊕ Envelope

                                                  ⊕ 그물차트

                                                  ⊕ 매물분석도

                                                  ⊕ MACD

거래량 10,985,727   ⊕ Slow STC

                                                  ⊕ Fast STC

OBV -111,779,285   ⊕ RSI

9월   11월   2022   3월   5월   7월   ⊕ DMI

2) 키움증권 HTS

키움증권 HTS의 경우 [0600] 키움종합차트에서 일목균형표를 검색하면 쉽게 설정할 수 있습니다.

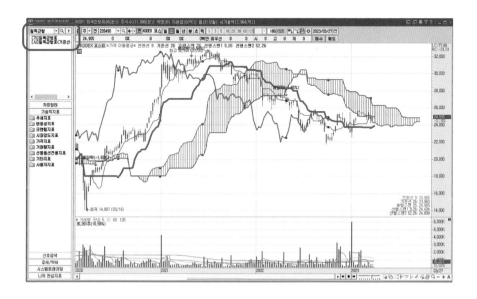

3) 키움증권 MTS

키움증권 MTS의 경우 메뉴 하단의 차트에서 보조지표를 클릭한 후
상단지표의 일목균형표를 찾아서 선택하면 쉽게 설정할 수 있습니다.

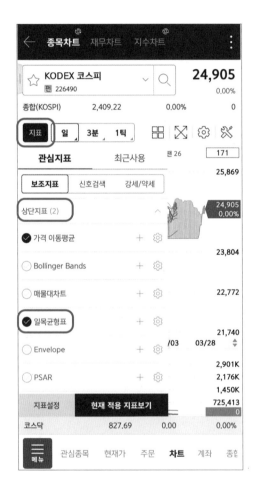

꾸준한 사람은 아무도 이길 수 없다

제 인생에서 가장 중요한 것은 가족입니다. 누구나 그렇겠지만 저에게는 아주 각별합니다.

사실 경제적으로 너무 어려워서 신혼시절에 아이가 태어났는데도 맞벌이를 그만둘 수 없었습니다. 처가와 본가 모두 지방에 있어서 창원에 있는 처가에 큰애를 데려다 놓고 주말마다 아내와 함께 아이를 보러 왔다 갔다 할 수밖에 없는 상황이었습니다.

아이와 주말을 보내고 서울로 올라오는 기차 안에서 아내는 매번 울었습니다. 눈에 넣어도 아프지 않을 아이와 떨어지기 싫은 부모의 맘이 오죽했을까요. 아직도 그때 이 야기를 하면 아이에 대한 미안함에 아내와 저는 눈가가 촉촉해지곤 합니다. 그런 시간을 보내면서 가족에 대한 간절함과 소중함을 너무나 잘 깨달았습니다.

그런 아내를 보면서 미안한 마음이 컸고, 가진 게 없는 저를 선택해 준 아내에게 평생 최선을 다해야겠다고 스스로 마음을 다졌습니다. 결혼을 하고 가장으로서 현실에 부딪치며 고생하는 아내를 위해 빨리 뭔가를 이뤄야겠다는 다짐도 그때 처음으로 했습니다.

스스로 칭찬해 주고 싶은 것은 생각에 그치지 않고 바로 행동하기 시작했다는 것입니다.

경제와 관련한 책을 보고 강의도 찾아다니면서 들었습니다.(2000년 후반에는 유튜브가 없었습니다.) 남들처럼 살면 시간이 부족했기 때문에 좋아하는 드라마와 게임을 끊었습니다.

사실 저는 노는 걸 엄청 좋아합니다. 골프, 볼링, 당구 그리고 사회인 야구까지 다양한 운동을 했습니다. 어느 정도 실력이 될 때까지 포기를 모르고 열심히 하는 스타일입니다. 스타크래프트 교내 대회까지 나갈 만큼 게임을 사랑했지만 과감히 접었습니다.

드라마와 게임을 끊으면서 생긴 시간에 제가 이루고자 하는 목표를 위해 시간을 보냈습니다. 때로는 영어를 공부하고, 때로는 영상 편집을 공부했습니다. 가장 많은 시간을 들인 것은 바로 독서였습니다.

사람을 좋아해서 회식 등 각종 모임에 꼬박꼬박 나가고, 친구들을 만나서 놀더라도 하루에 목표한 시간은 꼭 채우려고 노력했습니다. 그렇게 하나씩 하나씩 하다 보니 지금의 제가 될 수 있었습니다.

저는 대학 시절 리포트 한 페이지도 쓰기 힘들어하는 공대생이었는데 지금은 책을 쓰고 있습니다. 영상 편집이란 것도 전혀 몰랐는데, 지금은 웬만한 전문가처럼 할 수 있습니다.

재능보다 중요한 것이 꾸준함입니다. 꾸준한 사람은 절대 실패하지 않습니다. 될 때까지 포기하지 않기 때문입니다.

저는 오늘도 꾸준하게 공부하고, 꾸준하게 운동하고, 꾸준하게 사람들과 관계를 맺으려고 노력합니다. 제가 가장 가치 있게 생각하는 꾸준함을 여러분도 믿어 보기 바랍니다.

무언가를 하기에는 늦었다고 생각하기 쉽습니다. 하지만 그런 생각은 접어 두고 당장 시작하세요. 실패하면 또 하면 됩니다. 성공할 때까지 꾸준히 하지 못해서 그렇지, 끝까지 포기하지 않는다면 누구나 원하는 결과를 얻을 수 있습니다.

무언가 목표를 세우는 것을 좋아하는 저는 프러포즈를 한 날, 아내와 함께 우리가 이루고 싶은 목표들을 구체적으로 적어 보았습니다. 그때는 정말 가능성이 없어 보였던 것들이지만, 지금 보면 거의 다 이루어져서 정말 신기하다고 생각합니다. 평생 잊지 않기 위해 코팅해서 보관하고 있던 것을 오늘 여러분들께 용기 내어 공유해 봅니다.

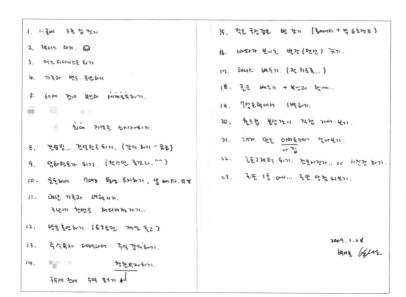

지금 꿈을 적어 보세요. 생각한 것을 적기만 해도 힘이 생긴다는 것을 느끼게 될 것입니다. 모두 부를 이루는 데 성공해서 행복해지길 응원합니다.

4장

디노의
주식 투자 노하우

01 디노의 주식 투자 기준

많은 사람이 물어 봅니다.

"디노님은 급등주를 주로 하나 봐요. 그럼 단타 매매를 하는 거죠?"

제 대답은 언제나 동일합니다.

"전 절대로 단타를 하지 않습니다. 목표수익률에 도달하면 매도합니다."

주식 투자 타입을 이야기할 때 대부분 단기, 스윙, 중기, 장기로 나누곤 합니다. 각 투자 스타일마다 단점이 있습니다.

단기 투자자의 경우 단기에 수익 내는 것을 즐기다 보니 매수 후 주가가 하락하면 대부분 손절을 선택합니다. 그러다 보니 어렵게 쌓은 수익률을 한 번의 손절로 쉽게 까먹게 됩니다. 제 주변에서는 단기 투자를 즐기던 많은 분이 결국 주식으로 돈 벌기가 어렵다는 이야기를 하며 주식 시장을 떠났습니다.

중기 혹은 스윙 투자자의 경우 2~3개월 보유하다가 오르면 팔고 내리면 손절을 합니다. 이런 투자자는 하루 이틀에 승부를 보는 것이 아니기 때문에 분명 재료가 있고 상승 가능성이 있는 기업을 매수합니다. 하지만 문제는 주식이 언제 오를지는 아무도 모른다는 것입니다. 그래서 분명 좋은 기업을 매수했는데도 불구하고 2~3개월이 지나면 기다리지 못하고 매도를 해 버립니다. 정말 어이없게도 개인 투자자가 못 버티고 팔고 나면 주가는 오르는 경우가 다반사입니다.

장기 투자자의 경우 정말 좋은 기업을 매수합니다. 매수한 기업은 들으면 누구나 아는 대형주인 경우가 많으며, 2배 이상의 수익을 기대하며 1년 이상 보유할 것을 다짐하곤 합니다. 보유하는 기간 동안 20~30% 수익이 나는 경우가 있습니다. 그런데 워런 버핏과 같은 슈퍼 투자자를 꿈꾸며 매도하지 않고 무작정 보유하다 보면 주가가 다시 원점으로 돌아와서 수익을 반납해 버리거나 오히려 손실로 전환되는 경우가 많습니다. 이렇게 되면 심리적으로 타격을 입고 장기 투자 자체를 부인하고 원망하게 됩니다.

그래서 저는 기간 투자를 하지 않습니다. 제게 가장 중요한 투자 기준은 '목표수익률 달성'입니다. 10%란 목표수익률을 설정해 두고 그 목표수익률에 도달하면 보유 기간이 하루건 일주일이건 한 달이건 1년이건 상관없이 매도하는 투자를 합니다.

저는 15년간 자체적인 테스트를 거치면서 10%의 목표수익률이 회전율을 극대화하는 데 가장 좋은 기준이라는 확신이 들었고, 지금도 그 기준을 가지고 투자에 임하고 있습니다. 목표수익률이 더 높을 수도 있고, 더 낮을 수도 있지만 중요한 것은 목표가 있느냐 없느냐입니다.

투자자에게 기준은 매우 중요합니다. 목표수익률의 기준이 없으면 수익을 실현하고도 종목이 더 오르게 되면 '괜히 팔았다.'고 생각하며 후회합니다. 아니면 상승 시 수익을 실현하지 못하고 다시 하락했을 때 '그때 팔았어야 하는데⋯.'라고 생각하며 후회합니다. 이러나저러나 후회만 하게 되는 것이죠.

코스피와 코스닥에 상장된 종목은 2,000개가 넘습니다. 우리에게는 아직도 살 종목이 너무나 많은데 후회만 하고 있어서야 되겠습니까?

투자의 원칙만큼 중요한 것은 없습니다. 자신의 기준을 가지길 바랍니다. 그것이 습관이 될 때까지 반복하고 반복하면 시장을 이기는 투자자가 되어 있을 것입니다.

02 목표수익률의 중요성

세월은 가고 기업의 가치는 변한다

맹목적인 장기 투자가 무조건 옳다고 말하는 수많은 미디어와 전문가의 생각이 틀릴 수도 있다는 것을 알려 주고자 합니다.

존 리와 같은 유명인이 방송에 나와서 장기 투자를 강조합니다. 그런데 그들이 주장하는 10년이란 기간은 수많은 개인 투자자가 버티기에는 너무나 길고, 때로는 그 시간을 버텼지만 사라져 버리거나 손실을 주는 경우도 있습니다.

좀 더 쉽게 이해하기 위해 코스피 시총의 변화를 살펴보겠습니다.

1990년		2000년		2010년		2020년	
순위	업체명	순위	업체명	순위	업체명	순위	업체명
1	한국전력	1	삼성전자	1	삼성전자	1	삼성전자
2	포항제철	2	SK텔레콤	2	포스코	2	SK하이닉스
3	한일은행	3	한국통신공사	3	현대차	3	LG화학
4	제일은행	4	한국전력	4	현대중공업	4	삼성바이오로직스
5	조흥은행	5	포항제철	5	현대모비스	5	셀트리온
6	하나은행	6	주택은행	6	LG화학	6	네이버
7	삼성전자	7	신한은행	7	신한지주	7	현대차
8	신한은행	8	국민은행	8	KB금융	8	삼성SDI
9	대우	9	외환은행	9	삼성생명	9	카카오
10	현대차	10	담배인삼공사	10	기아차	10	기아차

자료 : 한국거래소(KRX)와 메리츠증권 리서치센터

　삼성전자처럼 꾸준한 기업도 있지만, 포항제철(POSCO)처럼 반 토막이 나 버린 기업도 있습니다. 시총 상위 10위 기업의 변화를 보면 은행이 주를 이루던 2000년과 달리 2023년 현재 IT, 바이오, 2차전지 기업들로 재편된 것을 볼 수 있습니다.

　무조건 장기 투자를 한다고 수익을 올릴 수 있는 것은 아니라는 것을 이 표를 통해서도 알 수 있습니다.

수익률보다 회전율이 중요하다

주식 투자에서 가장 중요한 것은 무엇일까요?

앞에서 말한 것처럼 자신만의 투자 원칙 또는 기준입니다. 저의 목표수익률은 시장이 좋든 나쁘든 정해져 있습니다. 10%입니다. 제가 주식을 10년 이상 해 보니 무엇보다도 중요한 것이 바로 회전율이라고 생각하기 때문입니다.

주식을 하는 사람들은 부동산 투자를 하는 사람들과 기대하는 것이 다릅니다. 아파트를 사서 수년간 보유하고 수익을 올리는 것을 원하는 것이 아니라, 부동산 대비 빨리 수익을 올릴 수 있는 점과 언제든 쉽게 현금화가 가능하다는 장점에 이끌려서 하는 사람이 많습니다. 이런 주식의 장점을 고려한다면 회전율이 중요하다는 것에 더욱 공감할 것입니다.

주식에서 중요한 것은 회전율이라는 결론에 도달했다면 그 다음으로 고민해야 할 것은 무엇일까요?

"회전율을 높이기 위한 방법은 뭘까?"

이 질문에 대한 답을 구하고 본격적으로 수익률을 극대화해 나가면 되는 것입니다.

목표수익률 10%의 비밀

저도 예전에 주식 투자를 할 때는 그냥 감으로 매수하고 감으로 매도하기를 반복했습니다. 그러다 보니 매도하고 수익을 냈는데도 항상 뭔가 찜찜하고 더 오를 것 같은 불안감에 휩싸였습니다. 매도하고 수익을 냈는데도 불구하고 계속 지켜보다가 제가 매도한 가격보다 더 높은 가격에 재매수를 하고는 고점에 물린 적도 여러 번 있습니다.

그래서 기준을 세워서 매매를 하겠다는 다짐을 하고 목표수익률을 10%로 잡고 매매하기 시작했습니다. 기준을 만들고서도 초기에는 여전히 매도 후에 불안한 마음이 있었습니다. 하지만 매도 횟수가 점점 많아지면서 습관이 되니 더 이상 매도한 종목에 마음 졸이며 연연해하지 않게 되었습니다. 오히려 그 시간에 새로운 종목을 찾아보고 공부하면서 다음을 준비할 수 있게 된 것이죠.

물론 목표수익률 10%가 정답은 아닙니다. 왜냐하면 10%에 도달하지 못해 수익 실현을 하지 못하고 주가가 다시 하락하는 경우가 자주 있기 때문입니다. 그렇게 하락하다가 다시 상승하면 좋을 텐데 하락이 길어져 수익을 모두 반납하고 손실 구간으로 들어가는 경우도 있습니다. 그럼에도 불구하고 10여 년간 자체적인 테스트를 거치면서 10%가 가장 이상적인 수치라는 확신이 들었고 지금도 그 기준을 가지고 투자에 임하고 있습니다.

장기 투자가 답이 아니다

제가 생각하는 투자 중 가장 재미없는 투자는 매매가 없는 투자입니다. 바꿔 말하면 수익을 자주 못 내는 투자입니다. 만약 본인이 이런 투자를 선호한다면 차라리 부동산이 더 안정적이라고 생각합니다.

저는 블로그를 통해서 종목을 추천하고 수익을 낼 때, 보통은 기존 종목이 아닌 새로운 종목에 투자합니다. 하지만 한 종목을 두 번, 세 번 반복해서 매수하고 수익을 내는 경우도 있습니다.

가장 최근에 반복 매매하면서 50%의 수익을 거둔 ISC가 그런 경우입니다. 이런 매매를 할 수 있는 이유는 ISC란 회사를 디노 테스트로 분석하고 매수 가능 단가를 나름 판단해서 매수했고, 목표수익률 10%에 도달해서 수익을 실현했기 때문입니다. 시장이 좋지 않아 주가가 빠졌으나 그 기업의 펀더멘털 변화는 크게 없었기 때문에 제가 처음 매수한 가격이 되자 다시 매수했습니다.

해당 종목의 하락 이유가 기업 문제가 아니라 매크로 이슈로 시장이 약세였기 때문입니다. 만약 이 종목을 최초 매수했을 때부터 지금까지 보유했다면 현재 10%의 이익에 불과했겠지만, 저와 같이 목표수익률 10%를 가지고 매매했다면 저처럼 50%의 수익을 거둘 수 있었습니다.

제가 매도하고 50%가 아닌 200%, 300% 상승한 기업도 있습니다. 하지만 최종 누적수익률은 결코 뒤지지 않는 매매가 회전율을 높이는 매매라는 것을 기억하기 바랍니다.

실제 매매 사례 - ISC

1) ISC 첫 번째 수익

저는 기본적으로 차트를 볼 때 Scale을 1년 6개월 정도의 일봉이 다 나오게 하고 봅니다. 그렇게 긴 기간 동안의 차트를 봐야지만 OBV의 트렌드를 정확히 볼 수 있기 때문입니다. 하지만 ISC로 수익을 냈을 때의 차트를 자세히 보기 위해 조금 더 크게 놓고 설명하겠습니다.

3월 중순부터 분할 매수했으며, 4월 11, 12일 양일간 급등이 나와서 첫 번째 수익을 10.13% 냈습니다. 매도 후 더 상승하여 아쉬웠지만, 다시 하락이 오면 매수해야겠다고 생각하며 때를 기다렸습니다.

2) ISC 두 번째 수익

첫 번째 수익 실현 후 다시 하락하는 것을 보고, 5월 9일 매수했으며, 5월 24일 두 번째 수익을 8.40% 냈습니다. 비교적 짧은 시간에 목표수익률을 달성했습니다.

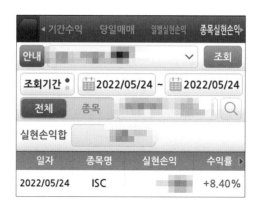

조금 일찍 매도한 이유는 시장에 단기 고점에 들어갔다는 신호가
나타났기 때문입니다. 앞에서 RSI와 심리도로 시장의 과열 여부를 판
단했던 것 기억나지요?

3) ISC 세 번째 수익

2022년 6월 급락장이 일어났습니다. 연이은 폭락으로 주식이 문제가 아니라 세상이 꼭 망할 것 같던 분위기였습니다. 시장이 지나치게 하락하는 것을 보고, 6월 말부터 분할 매수했고 8월 26일 세 번째 수익을 11.01% 냈습니다.

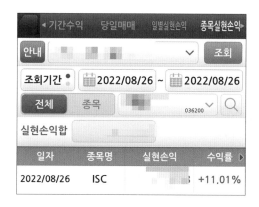

세 번째 매매 역시 매수 후 좀 더 하락했고 매도 후 좀 더 상승하여 역시 완전 바닥과 완전 꼭지를 맞추기 힘들다는 것을 다시 한 번 깨달았습니다. 그렇기 때문에 제가 계속 분할 매수의 중요성과 목표 수익률 설정의 중요성을 강조하는 것이라고 생각하면 좋겠습니다.

4) ISC 네 번째 수익

2022년 12월 8일 블로그에 ISC를 추천했습니다. 자신 있게 추천한 이유는 2022년 실적 전망 때문이었습니다.

ISC는 2021년에는 2020년 대비 매출이 20% 늘고, 영업이익은 70%, 당기순이익은 470% 증가했습니다. 엄청나게 성장한 것입니다. 그런데 2022년 실적 예상치는 정말 어마어마했습니다.

2022년은 엄청난 인플레이션으로 금리 상승의 직격탄을 맞았고, 수요가 급감하면서 대부분의 기업은 실적이 하락했습니다. 그럼에도 불구하고 ISC는 2022년 매출액 1,893억 원, 영업이익 683억 원이 예상되었습니다. 매출은 작년 대비 30% 증가, 영업이익은 80%가 증가한 실적입니다.

이는 2019년 실적과 비교해 보면 더 놀랍습니다. 4년 만에 매출은 2배가 넘게 성장했고, 영업이익은 무려 30배가 넘게 성장했습니다.

이렇게 기업은 성장하는데 매크로 이슈로 인해서 주가가 펀더멘털 대비 과하게 하락하는 것을 보고 2022년 12월 8일 매수 후 추천을 했고, 비교적 짧은 기간인 2023년 1월 25일 12.01%의 수익을 실현했습니다.

5) ISC 다섯 번째 수익

네 번째 수익 실현 후 다시 주가는 박스권을 돌파하지 못하고 매크로 이슈로 다시 하락했습니다. 그래서 블로그에서 2023년 3월 7일 종목을 추천하면서 저도 함께 매수했고, 3월 28일 목표수익률을 달성하여 다섯 번째 수익을 실현했습니다. 이때 많은 블로그 이웃분도 매수해서 함께 수익을 실현했습니다.

ISC 시 **36,550** 고 **38,350** 저 **36,550** 종 **38,200** ▲ **1,150** +3.10% 거 **249,676**

Linear ∨

▼ 최고 39,250 (-2.68%)

3월 28일 매도

38,200

▲ 최저 29,800 (28.19%)

거래량 **249,676**

OBV **36,786,661**

3월 7일 매수

← **계좌손익**   안내 ↻

당일매매손익 일자별 실현손익 손익추정

500-

매매손익   평가손익   **0**

                                                접기 ∧

◆ 비용포함   23.03.28

종목명	⬍	평균매입단가	⬍	매매손익
주문구분	⬍	평균매도단가	⬍	매매손익률
ISC				
	보통			10.46%

무조건 이렇게 해야 한다는 것은 없다

TV나 여러 매체에서 "장기 투자가 답입니다. 장기 투자해야 돈을 벌 수 있습니다."라고 말합니다. 하지만 제가 15년 이상 주식 시장에 있어 보니 장기 투자가 무조건 정답은 아니었습니다.

만약 ISC 목표수익률을 10%로 설정하지 않았다면 어땠을까요? 결국 주가는 박스권에서 등락을 반복하다 제자리로 오고, 제 수익률은 10%도 미치지 못했을 것입니다. 하지만 목표수익률 10%를 정하고는 총 50% 이상의 수익률을 달성했습니다.

10%가 되기 전에 수익을 실현하는 경우

저도 목표수익률인 10%를 달성하기 이전에 수익을 실현하는 경우가 있습니다. 물론 아주 강한 급등이 나오면 10%를 넘어 30~40%에서 수익을 실현하는 경우도 있습니다. 어떨 때 목표수익률인 10%에 도달하기 전에 매도하는지 설명하겠습니다.

첫 번째, 지수가 과열되었을 경우입니다.

RSI와 투자심리선으로 지수의 과열을 판단할 수 있다고 앞에서 말했습니다. 지수가 과열되었을 경우에는 개별 종목이 시장을 이기기 쉽지 않기 때문에 목표수익률에 미치지 못해도 매도하여 시장 하락을 대비합니다. 물론 시장과 상관없이 상승을 이어 갈 수도 있지만 조금 덜 벌더라도 잃지 않는 투자를 지향하는 저는 이런 매매를 좋아합니다.

두 번째, 보유 종목이 과하게 하락한 경우입니다.

예를 들어 삼성전자를 10,000원에 매수했는데, 30% 하락해서 7,000원이 되었다고 가정해 보겠습니다. 수익률은 −30%이지만 본전인 10,000원이 되려면 41%가 상승해야 합니다. 7,000원에서 50% 상승해도 주가는 10,500원밖에 되지 않습니다. 50%가 상승했는데 겨우 매수가 대비 5% 수익 중인 것이죠.

주가 50% 상승이 쉬울까요? 쉽지 않습니다. 그렇기 때문에 30% 이상 하락한 종목의 경우 본전 또는 약수익(3~5% 구간)에서 수익을 실현하는 것입니다. 10% 목표수익률을 꼭 채우려고 기다리다가는 매도하지 못하고 다시 하락하는 경우가 비일비재하기 때문입니다.

주가가 30% 이상 하락한다면?

− 50% 상승해도 10,500원, 최초 매수가 대비 5% 수익 수준

− 10% 목표수익률을 수정하여 매수가 근처 또는 약수익(3~5%)에 매도

자기 스타일에 맞는 투자 기준이 필요하다

하지만 이런 특별한 경우가 아니고서는 평상시에 수익률 10%를 달성하기 위해 노력해야 합니다. 수익이 나면 안절부절못하고, 손실

세력주 투자 기술

이 나면 비자발적 장기 투자를 즐기는 그런 투자자가 되면 안 됩니다. 수익은 잘 참아 내고, 손실에는 분할 매수로 대응하는 현명한 투자자가 되어야 합니다.

손실에 절대 관대해지지 마십시오.

그런 투자자는 주식 시장에서 승리할 수 없습니다.

수익에 조급해하지 마십시오.

시세를 분출하는 쾌감을 느낄 수가 없습니다.

03 누구를 따라
   투자해야 하는가?

　제가 주식을 처음 시작했을 때가 2007년이니 벌써 15년이 지났습니다. 뭣도 모르고 투자를 시작했기 때문에 상당 기간 동안 돈을 까먹으면서 투자했는데, 돌아보면 그것이 수업료가 되었던 것 같고 그런 시간이 쌓여서 결국 지금의 제가 될 수 있었습니다.

　사실 저는 대부분의 투자 노하우를 엄청난 독서를 통해 얻었습니다. 제가 주식을 시작했을 당시에는 유튜브란 매체가 없었고, 지금처럼 수많은 정보 및 투자와 관련된 영상들을 쉽게 접할 수 없었습니다. 그런데 생각해 보면 오히려 지금보다 예전이 주식 투자하기에 좋은 시기였다는 생각이 듭니다. 지금부터 그렇게 생각하는 이유를 이야기해 보겠습니다.

미디어가 발달하면서 재테크에 관심 있는 사람들은 유튜브나 블로그를 통해서 수많은 정보를 쉽게 접하게 되었습니다. 그런데 하나 묻고 싶은 것이 있습니다.

"정말 그 많은 정보를 얻으면 주식으로 돈을 벌 수 있다고 생각하나요?"

유튜브에서 투자 정보를 주고 종목을 추천하는 사람들은 대부분 애널리스트, 칼럼리스트, 경제학자, 대학교수입니다. 실제로 투자를 해서 성공했는지 안 했는지 검증이 안 된 사람들입니다. 아는 것은 많을지 몰라도 진짜 투자의 대가인지, 투자의 성과가 있는지는 알 수 없다는 것입니다. 직업만 달랐지 우리랑 똑같은 월급쟁이입니다. 진짜 그들이 성공한 투자자라면 굳이 보수를 받고 유튜브에 나와서 방송할 필요가 없겠지요.

물론 전문가들의 정보가 투자에 도움은 될 것입니다. 시황을 분석하고, 금리나 환율이 어떻다고 하는 이야기가 도움은 되겠지요. 하지만 정말 성공하는 투자를 하고 싶다면 워런 버핏처럼 실제로 투자를 해서 수년 또는 수십 년 동안 꾸준히 수익을 낸 사람들을 따라 해야 합니다.

미국의 경우 펀드매니저나 자산운용사들은 실제로 투자수익률과 포트폴리오를 공개합니다. 그렇기 때문에 공부도 하기 싫고 매일 들어도 잘 모르겠다고 생각하는 분들은 이런 가이드가 주기적으로 공개되는 미국 주식을 하는 게 낫다고 생각합니다.

연말이 되면 전문가와 증권사에서 다음 연도 증시 전망을 하는데

제가 15년 동안 투자를 하면서 단 한 번도 맞히는 걸 본 적이 없습니다. 이렇게 매년 틀리는 것도 정말 능력입니다.

제가 잘났다는 것이 아니라 유튜브나 블로그만 보고 주식 투자를 하면 돈 벌기 힘들다는 것을 말하려는 것입니다. 교수나 경제학자가 아닌, 투자 대회에서 우승했거나 투자에 성공해 엄청난 자산가가 된 사람들의 책이나 이야기를 듣는 것이 낫다는 것을 잊지 말기 바랍니다.

04 손절 없는 투자가 옳은 것인가?

저는 절대로 손절은 하지 않습니다.

'대체 어떻게 그렇게 하지?'

'물리면 몇 년이고 기다리고 있는 것인가?'

궁금해하는 분들이 있어서 저의 손절에 대한 기준을 이야기해 보려고 합니다.

저는 종목을 선정하고 매수할 때 저만의 기준으로 종목을 고르기 때문에 고른 종목이 확실히 상승할 것이라는 믿음이 있습니다. 다만 그 시기를 모를 뿐입니다. 그렇기 때문에 믿고 기다릴 수 있고, 손절하지 않고 때가 되면 분할 매수 또는 물타기를 하면서 결국 수익을 내는 투자를 하고 있습니다.

그럼 절대로 손절을 하면 안 되는 것일까요?

저는 손절하지 않지만 여러분은 해도 된다고 생각합니다. 사실 손절이란 것은 나쁜 것이 아닙니다. 생각했던 지지선이 무너질 경우 손절을 하고, 손실을 최소화하고 다시 좋은 자리가 왔을 때 매수하면 되는 것입니다. 그런데 기다리다가 손절했는데 반등이 나오더니 전고점보다 더 오르는 경우가 있습니다. 이런 경우가 반복되면 멘탈이 흔들리고, 주식이 재미없어집니다.

그래서 손절도 기준이 있어야 합니다. 만약 손절을 한다면 자신의 손절 기준을 세워서 -5%, - 7%가 왔을 때 조기에 해야 합니다. 매수할 때부터 자신의 손절가를 만들고, 거기에 맞추어서 대응하는 것이 필요합니다. 주가가 하락하는데 아무 생각 없이 기다리다가 -20% 이상 빠지니 공포감에 손절하는 식의 투자는 정말 지양해야 합니다.

계좌가 -30% 이상 되었을 때 손절하는 것은 의미가 없습니다. 차라리 -30%가 되었다면 몇 개월, 몇 년을 기다리더라도 존버하는 게 낫습니다. 시장은 결국 사이클이 있고 영원한 하락은 없기 때문입니다. 항상 하락 뒤에 반등이 있습니다. 지난 역사를 돌아보면 결국 자본주의는 우상향입니다.

손절도 자신의 기준이 있어야 한다는 것을 잊지 말기 바랍니다.

05 일상생활 속에 답이 있다

종목 공부는 일상생활부터 시작합니다. 예를 들어 출근길에 미세 먼지가 심하면 생각합니다.

'미세먼지가 심하네. 마스크랑 필터 업체가 매출이 늘겠구나.'

'그럼 주말에 집에 있는 사람이 많겠네. 방콕하면 어떤 회사가 수혜를 입을까?'

저는 이런 식으로 생각하고 질문해 보는 연습을 꽤 오랜 기간 했더니 이제는 이런 생각을 하는 것이 아주 자연스럽습니다. 생각을 하고 나면 유튜브나 네이버에서 관련 테마주를 검색해 봅니다.

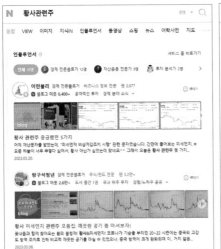

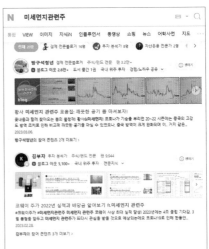

그렇게 알게 된 관련 기업들을 하나씩 살펴보면서 공부하고, 앞에서 설명한 대로 재무, 수급, 세력의 매집 여부 등을 보고 최종 매수할 종목을 추려 냅니다.

뉴스에 관심을 가져라

뉴스에 관심을 가지면 돈이 됩니다.

2022년 5월에 미국 대통령 바이든이 방한했습니다. 한국에 와서 삼성전자 공장에 갔던 장면은 투자자로서 인상적이었습니다. 2022년 11월에는 사우디아라비아의 왕세자 빈 살만이 한국에 왔습니다.

이렇게 외국의 정상이 방한하는 것은 어떤 의미가 있을까요?

양국의 정상이 만나기 위해서는 오랜 기간 전부터 양측 실무자들끼리 물밑 작업을 합니다. 만약 실무자 선에서 어떤 협의가 없다면 성과 없는 만남은 성사되지 않습니다. 따라서 양국 정상의 만남은 미리 협의한 사항에 대해 최종 서명 및 결정을 하기 위한 것입니다.

실제로 양국 정상이 만난 뒤에는 수많은 MOU가 체결되고, 기자 회견 등을 분석해서 수혜 업종이 무엇이 될 것이란 뉴스가 쏟아져 나오고, 수혜 업종들의 주가는 단기에 2~3배까지도 상승하는 것이 일반적입니다. 적어도 제가 주식판에 있던 15년 동안 항상 그래 왔습니다. 주식 시장에서 양국 정상의 만남은 빅 이벤트이기 때문입니다.

2023년 4월 말에 윤석열 대통령이 바이든 대통령을 만나러 미국에

다녀왔습니다. 이런 뉴스는 한두 달 전부터 언론에 나옵니다. 우리는 이런 뉴스를 보고 어떤 업종이 수혜가 될지 찾아서 매수하고 수익을 내면 되는 것입니다.

뉴스에 휘둘리지 마라

2022년 7월 정말 지구가 망할 것같이 주식 시장이 좋지 않았습니다. 그때 단기 바닥을 주장했던 많은 현인(?)도 있었지만, 온갖 악재 뉴스를 매일 기사로 쓰면서 시장의 투자 심리를 공포의 끝으로 몰고 갔던 미디어들도 있었습니다.

옆 페이지의 기사에서 '속보'라는 워딩과 함께 헤드라인의 '붕괴' 란 표현이 보이지요? 초보 투자자들의 심리를 완전 무너뜨릴 수 있는 뉴스들입니다. 2020~21년에 주식을 처음 시작한 초보 투자자들은 아마도 이 시기를 버티지 못하고 손절한 사람이 많을 것입니다.

제가 15년간 주식 시장에 머물러 보니 미디어는 투자에서 가장 큰 적입니다. 시장이 좋을 때는 더 좋은 것을 바라보게 만들며 모든 사람이 쉽게 돈을 벌 수 있을 것같이 이야기합니다. 10만 전자를 외쳤던 많은 미디어를 떠올려 보면 이해가 쉬울 것입니다. 반대로 시장이 힘들 때는 모두가 알고 있는 악재를 재탕, 삼탕하면서 시장의 투자 심리를 꽁꽁 얼어붙게 만듭니다.

왜냐하면 언론은 그게 일이기 때문입니다. 기사를 쓰는 것이 일이

세력주 투자 기술

브릿지경제 2022.07.15.

코스피 장중 **2300**선 **붕괴**...환율은 1320원 돌파

코스피 장중 **2300**선 **붕괴**...환율은 1320원 돌파 **코스피**가 15일 장중 **2300**선 아래
로 떨어졌다. 이날 오전 10시27분 기준 **코스피**는 전거래일보다 20.94포인트(0.90...

[속보] **코스피**는 장중 **2300**선 재차... 문화일보 PiCK 2022.07.15. 네이버뉴스

글로벌이코노믹 2022.07.15.

[속보] **코스피** 장중 **2300**선 **붕괴**

코스피가 장중 **2300**선이 무너졌다. 15일 한국거래소에 따르면 이날 오전 10시 5분
현재 **코스피**는 2295.84에 거래되고 있다. 이날 **코스피**는 2335.12로 상승 출발했...

[속보] **코스피**, 장중 **2300**선 또 **붕괴** 머니S 2022.07.15. 네이버뉴스
[속보] **코스피**, 장중 **2300**선 재붕괴 한국경제 2022.07.15. 네이버뉴스
코스피, 장중 **2300**선 **붕괴**...외인·기관 동반매도 뉴스케이프 2022.07.15.
[속보] **코스피**, 장중 **2300**선 또 **붕괴**...7거래일만 뉴스핌 2022.07.15.

뉴스핌 2022.07.15.

[오전] **코스피**, 장중 **2300**선 또 **붕괴**...환율 1320원 돌파 '영향'

코스피가 장 초반 원화가치 급락 여파로 **2300**선이 **붕괴**됐다. 15일 한국거래소에
따르면 이날 오전 10시 13분 현재 **코스피**지수는 전일 대비 1.19%(27.20포인트) ...

서울경제 2022.07.15. 네이버뉴스

[오전 시황] **코스피** **2300**선 **붕괴**...기관·외인 쌍끌이 매도

코스피 **2300**선이 **붕괴**됐다. 원·달러 환율이 장중 1320원을 돌파하며 지수가 하락
하는 것으로 보인다. 15일 한국거래소에 따르면 오전 10시 7분 기준 **코스피**는 전...

고, 그렇게 해야만 돈을 벌 수 있습니다. 전망을 하는 것이 아니라 그
냥 매일 매일 시황을 분석하고 기계적으로 뉴스를 쏟아 냅니다. 그러
다 보니 투자자들이 뉴스에 엄청나게 흔들리며 최초에 종목을 매수
했을 때의 매수 이유를 잊을 때가 너무나도 많습니다.

진짜 좋은 종목을 발견하고 매수했는데 너무 많이 하락했다면 이전
보다 기대수익률이 더 높아졌으니 매수해야 하는데 손절하는 경우가

많아 안타깝습니다. 뉴스도 모니터링을 해야 하지만 무엇보다 기업을 분석하고 시황을 개인의 눈으로 정확히 보는 것이 더 중요합니다.

2022년 7월 이후 시장은 어떻게 되었을까요?

위의 코스피 차트를 보면 2022년 8월 단기에 10% 반등이 나왔습니다. 그 많던 공포 뉴스는 사라지고 주식 시장의 공포 심리도 많이

S 서울경제 PiCK 1일 전 네이버뉴스

[이번주 증시 전망] **코스피, 안도 랠리** 이어갈 것…다만 상승폭은 …
금융투자업계에서는 이번 주에도 **코스피**가 **안도** 랠리를 이어갈 것으로 보고 있으
나, 상승폭은 다소 제한될 수 있다고 분석한다. 이에 NH투자증권은 **코스피** 예상 …

조선비즈 PiCK 5시간 전 네이버뉴스

'성장주보다 가치주가 낫나'…베어마켓 **랠리**에도 돈나무언니 수익…
같은 기간 **코스피**(8.37%), 코스닥(11.56%) 지수 상승률을 모두 웃도는 수준이다. JP
모건은 채권 금리 하락(채권… 환경"이라며 "**안도** 랠리로 주가 상승을 확인한 경…

경향신문 4시간 전 네이버뉴스

말복도 지났는데…섬머**랠리** 계속 될까
베어마켓**랠리**(약세장 속 일시적인 주가 상승)에 불과하다는 의견도 많다. 17일 코
스피는 전날보다 17…. 시장이 **안도**하기에는 이르다고 본다. 긴축은 계속될 것이…

매경이코노미 PiCK 1일 전 네이버뉴스

베어마켓**랠리** vs 의외의 강세장…증시가 심상찮다
증권가에서는 일시적인 반등, 즉 '베어마켓 **랠리**'가 아니라 확연한 반등장을 연출할
수도 있다는 얘기가 나오기 시작했다. 외국인은 올해 상반기 **코스피**에서 16조원…

개선되었습니다. 위의 2022년 8월 당시 기사를 보면 더 이상 공포를
말하기보다는 상승을 점치는 언론이 많아진 것을 볼 수 있습니다.

그런데 공포에 손절을 한 사람들은 대부분 다시 상승한 후에 이
런 말을 합니다.

"너무 일찍 팔았네. 더 들고 있었으면 본전에 팔 수 있었을 텐데…"

"새롭게 매수해서 수익을 좀 내야겠다."

상승장에서는 매수도 좋지만 수익을 실현하면서 현금을 늘리는
것도 필요합니다.

개인 투자자가 주식 시장에서 이기는 방법

그럼 개인 투자자가 이기려면 어떻게 하면 될까요?

"주식을 싸게 사서 비싸게 팔면 됩니다."

너무나 당연한 소리인데 이렇게 하지 못하는 게 현실입니다. 이렇게 해야만 수익을 꾸준히 낼 수 있습니다.

저는 투자자를 5가지 타입으로 나눕니다.

1. 하락을 미리 예측하고 주가 하락에 베팅하는 투자자 타입 – 숏 혹은 풋 포지션을 잡는 투자자들

2. 시장이 공포에 휩싸여 있을 때 투자하는 타입 – 하락장 혹은 급락장이 왔을 때 주식을 매수하는 투자자들

3. 하락장을 지켜보는 타입 – 신규 매수 없이 지켜보는 투자자들

4. 하락장에 주식을 보유하다가 반등장이 오기 전에 매도하는 타입 – 매일 고통스럽게 하락장을 버티다가 결국 손절하는 투자자들

5. 하락장에 손절하고 반등이 나오는 걸 보고 다시 고점에 투자하는 타입 – 대부분의 개인 투자자들

여러분은 어떤 타입인가요? 한 번쯤 생각해 보는 시간이 되면 좋겠습니다. 참는 것도 투자 방법이고, 현금화하는 것도 종목입니다.

06 2023년
정말 위기가 올까?

많은 미디어가 2023년 경기침체를 우려하면서 증시에 큰 위기가 올 것이라고 이야기합니다. 그 속에서 우리가 취해야 할 자세는 무엇인지, 그리고 우리에게 기회는 없는 것인지를 살펴보겠습니다.

심각한 미국의 재정 적자

다음은 미국의 심각해지는 재정 적자 상태입니다.

- 2020년 : -3.1조 달러(약 -4,000조 원)

- 2021년 : -2.8조 달러

- 2022년 : -1.4조 달러

- 2023년 : -1.1조 달러(1분기 현재)

2020년과 2021년에는 코로나 시국으로 역대 최대의 재정 지출이 있었다고 할 수 있지만, 2022년에 줄어들었던 재정 적자가 2023년에 다시 증가하고 있습니다. 1분기 기준 1.1조 달러가 적자이니 연말까지 이대로 계속 된다면 2023년 1년 동안 약 4조 달러의 적자가 발생하는 것으로 전망할 수 있습니다. 이는 역대 최대 적자폭입니다.

2023년 적자가 늘어난 이유가 무엇일까요?

첫째, 재정 적자가 계속되니 미국은 엄청난 국채를 발행하여 부족한 재정을 마련했습니다. 2021년과 같이 제로 금리일 때는 괜찮았는데 지금은 금리가 엄청 오르다 보니 이자 지급액이 늘었습니다. 계속된 재정 적자로 국채 발행량도 늘었는데, 고금리로 이자 지급액이 늘어나니 적자폭이 더 커져 버린 것입니다.

둘째, IRA와 같은 감세 정책이 문제입니다. IRA 정책의 핵심은 감세와 지원금입니다. 중국을 견제하고 미국의 국익을 위해 실시한 이 법안으로 인해 재정 적자폭이 엄청나게 늘어난 결과가 된 것입니다.

마지막으로 경기가 하락세에 있다는 것입니다. 세수(세금 수입)는 후행지표입니다. 경기가 좋으면 돈을 많이 번 기업과 국민에게 세금을 많이 걷을 수 있는데, 경기가 안좋으면 수익이 줄어드니 걷어 들일 세수도 줄어듭니다. 그런데 경기가 하락세에 있다 보니 기업들의 이익이 급감하고 이로 인해 세수가 예상보다 줄어서 재정 적자폭이 커지는 것입니다.

미국은 어떻게 해야 하는가?

재정 적자 상태인 미국은 채권을 발행하여 판매하고 재정을 확보해야만 디폴트(국가부도)를 면할 수 있습니다. 간단하게 말해 미국 재무부가 설정한 미국 부채의 한계 범위를 말하는 것입니다. 사실 부채한도는 미국의 재무건정성을 확보하기 위한 조치였습니다. 지금은 그 제도가 번번이 미국의 발목을 잡고 있습니다.

현재 미국 정부의 부채한도는 현재 31조 4천억 달러(3경 8천조 원)입니다. 상상도 할 수 없는 큰돈입니다. 하지만 이미 미국은 2023년 1월 부채한도를 이미 다 소진하였고, 현재 미국 재무부는 임시방편으로 연기금 재투자를 중단하는 비상 조처를 통해 기존 채무의 이자를 갚으며 부도를 막고 있는 중입니다. 그런데 1분기에 재정 적자가 발생하는 추이를 보니 6월경이면 부채한도가 초과할 것으로 예상됩니다.

사실 미국은 기축통화국으로 재정이 매년 적자가 날 수밖에 없는 구조입니다. 미국이 돈을 쓰고 소비를 해야 세계 경기가 돌아가기 때문입니다.

앞서 말한 것처럼 미국은 구조적으로 빚이 계속 늘어나고, 부채가 한도에 차면 다시 한도를 증액하면서 지금까지 이어져 왔습니다. 1960년 이후 지금까지 미국에서는 정부 부채한도를 78번이나 상향 조정했습니다. 계산해 보면 거의 매년 한 번 정도는 부채한도 상향이 이루어졌습니다.

그럼 정말 미국의 부도(디폴트)가 발생할까요? 답은 미국 역사를 통해 알 수 있습니다. 잡음이 많겠지만 결국에는 예전과 같이 부채한도가 또 상향될 것이라고 생각합니다.

2011년 공화당과 민주당의 첨예한 대립으로 부채한도 상향 협상이 늦어졌습니다. 이로 인해 전무후무하게 미국의 신용등급 하락이 발생했고, 부채한도 실패에 대한 시장의 공포감으로 미국 증시가 하락한 적이 있습니다. 그때도 시장은 미국이 부도가 나지 않을 것을 알고 있었지만 미국의 신뢰도(신용)는 시장에서 외면을 받았습니다.

그런데 이번에도 수많은 미디어를 통해서 상원과 하원의 협상이 쉽지 않다는 것을 알 수 있습니다. 이 과정에서 디폴트의 위기감이 높아질수록 시장은 요동칠 것입니다.

시장은 이미 위기 신호를 보내고 있다

똑똑한 시장은 이미 위기를 감지하고 신호를 보내고 있습니다.

손해보험에 가입할 때 사고가 일어날 확률이 높을수록 보험료가 비싸집니다. 이처럼 채권을 발행한 기관이나 국가의 신용위험도가 높아질수록 CDS 프리미엄은 오르고, 낮으면 떨어집니다.

옆 페이지의 기사들을 보면 지금 CDS 프리미엄이 2008년 금융위기 이후 최고로 상승한 것을 알 수 있습니다.

세력주 투자 기술

CDS(Credit Default Swap, 신용부도스와프)는 채권을 발행한 기업이나 국가가 부도날 경우 원금을 돌려받을 수 있는 금융파생상품이다. 채권자와 제3의 금융회사 간에 CDS 거래가 이루어진다. 채무자가 돈을 못 갚고 부도를 낼 경우 제3의 금융회사가 채무자를 대신해 채권자에게 돈을 갚는다. 그런 보증의 대가로 채권자는 제3의 금융회사에 일정한 금액을 지불하는데, 이 보험료 성격의 수수료를 CDS 프리미엄이라고 한다.

– 『한경 경제용어사전』

2008년 금융위기 이후 최고로 상승한 CDS 프리미엄 관련 기사

파이낸셜뉴스 PiCK 2일 전 네이버뉴스

미 재정절벽 우려에 CDS 프리미엄 급등

연초만 해도 1년만기 CDS 프리미엄은 0.15%p에 거래됐다. 이는 또 미 정부 재정적자 한도 증액을 둘러싼 여야 대치 끝에 미 신용등급이 AAA 밑으로 추락했던 201...

美 부채한도 증액 협상 난항... CDS... 파이낸셜뉴스 PiCK 2일 전 네이버뉴스

SBS Biz PiCK 22시간 전 네이버뉴스

美경제 디폴트 우려 10년 만에 최고...디즈니 2차 감원

미국 정부의 디폴트 가능성을 나타내는 CDS프리미엄이 10년 만에 최고치를 기록했습니다. 이런 가운데 올해 7천명의 감원계획을 밝혔던 디즈니가 2차 감원에 들...

경기침체 우려 속 미 정부 디폴트 우려 10... SBS Biz 16시간 전 네이버뉴스

J 중앙일보 1일 전 네이버뉴스

美부채협상 난항...디폴트 우려에 CDS프리미엄 10년만 최고치

파이낸셜타임스(FT)에 따르면 영국의 CDS프리미엄은 14bp, 국가부도 위기를 겪은 그리스도 16bp 수준이다. 앙투완 부베 ING 금리전략가는 "미국이 (CDS 시장에서...

미국 정부 디폴트 위기 확산에...커지는 단기 ... 한국경제 1일 전 네이버뉴스

2023년 4월 21일 기준 미국의 CDS 프리미엄은 106bp로 만년 적자 국가인 이탈리아나 그리스와 비교해도 엄청난 것을 알 수 있습니다.

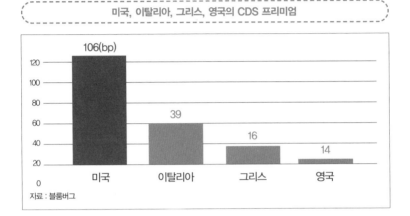

미국, 이탈리아, 그리스, 영국의 CDS 프리미엄

원래 미국 국채의 주요 매수 주체는 각국의 중앙은행, 금융회사 그리고 연방준비제도(이하 연준)입니다. 각국의 중앙은행 중 최대 매수 국가는 중국이고, 일본 역시 엄청난 미국 국채 보유국입니다. 그런데 중국은 기축통화국 미국을 무너뜨리기 위해 국채를 더 이상 매수하지 않습니다.

그런데 더 좋지 않은 것은 중국이 국채를 오히려 시장에 팔고 있다는 것입니다. 일본은 미국의 영원한 편인 줄 알았는데 일본 역시 국채를 팔고 있습니다. 미국은 빚을 내고 싶어도 채권을 사 줄 주체가 없다는 것이 진짜 위기입니다.

```
┌─────────────────────────────────────────────┐
│              미국 국채 매수매도 관련 기사              │
└─────────────────────────────────────────────┘
```

S 서울경제 PiCK 📰 4면 9단 2023.04.03. 네이버뉴스

中, 美국채 6개월 연속 매도...보유량 10년새 32% 줄었다

2000년 이후 미국 국채 보유량을 늘리며 한때 최대 채권국으로 등극했던 중국이
미국 국채를 계속해서... 중국이 미 국채 보유량을 줄이며 일본에 미국의 최대 채...

S 서울경제 📰 12면 4단 2022.05.02. 네이버뉴스

'엔저 불똥' 美국채로...日 기관,석달간 600억弗 팔아치워

'큰 손' 일본의 국채 매도는 미국에도 부담으로 작용할 수 있다. 미쓰비시UFJ국제투
신의 히구치 다쓰야 수석펀드매니저는 "일본 기관 사이에서 미 국채보다 스페인...

　물론 이대로 미국이 망하거나 무너지지는 않을 것이고, 연준이라는 큰 손이 최후의 보루로 있기 때문에 문제될 것은 없습니다. 하지만 미국 연준이 국채를 사들이고 시장에 돈을 풀게 되면 인플레이션을 잡겠다는 정책과 상관있는 일종의 양적완화를 실시하겠다는 것이므로 사실상 이것도 쉬워 보이지는 않습니다.

　이런 상황이 지속되면 달러는 약세가 더 심해질 것입니다. 이것 역시 중국을 필두로 한 공산 진영의 기축통화국 도전을 야기하고, 국제 정세 및 경제 상황에 위기로 다가올 수 있습니다.

　국채가 또 발행되어도 이자지급금으로 나갈 돈이 늘어나는 구조를 만드는 것입니다. 결국 단기에 불을 끈 것이지 길게 봤을 때 미국의 재정 문제가 해소된 것이라고 보기는 어렵습니다.

통합재정수지와 관리재정수지

우리나라 사정은 어떤지 살펴보겠습니다. 먼저 간단하게 용어를 정리하고 이야기를 시작하겠습니다.

'재정수지'는 정부가 거두어들인 재정 수입과 지출의 차이를 말합니다. 재정수지는 크게 2가지가 있는데 하나는 통합재정수지, 다른 하나는 관리재정수지입니다.

'통합재정수지'는 정부의 순수한 재정 활동에 따른 총수입과 총지출의 차이로 포괄적인 재정 활동을 측정해 재정이 경제에 미치는 영향을 분석할 때 활용됩니다.

'관리재정수지'는 '통합재정수지'에서 국민연금기금, 사학연금기금, 산업재해보상보험기금, 고용보험기금 등 사회보장성기금수지를 제외한 재정수지를 말합니다. 사회보장성기금은 정부가 미래에 지출 의무를 다하기 위해 모아 놓은 돈입니다. 정부가 운용할 수 있는 재정 여력으로 보는 데 한계가 있기 때문에 사회보장성기금수지를 차감한 관리재정수지를 통해 우리나라의 재정건전성을 더 정확하게 설명할 수 있습니다.

한마디로 말해, 관리재정수지가 좀 더 정확한 재정 수입과 지출의 차이인 것입니다.

한국도 미국과 마찬가지로 심각한 관리재정수지의 적자가 이어지고 있습니다.

- 2020년 : -112조 원

- 2021년 : -90.5조 원

- 2022년 : -110.8조 원

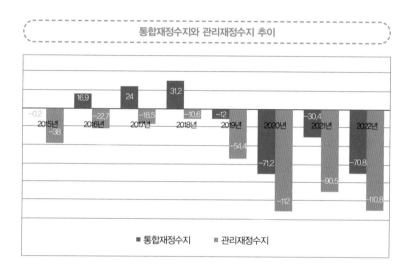

통합재정수지와 관리재정수지 추이

코로나로 인한 2020년의 재정 적자는 불가피하다고 생각하지만, 2022년에 다시 2020년 수준으로 재정 적자가 늘어난 것은 문제입니다. 그런데 2023년 1, 2월은 더 심각한 것이 2개월의 재정 적자가 30조 원으로 추정됩니다. 이대로 계속 간다면 180조 원의 적자가 1년에 발생하게 되는 사상 초유의 사태가 발생하게 됩니다.

한국도 미국처럼 적자가 늘어나고 있다

앞에서 설명한 것처럼 미국 역시 재정 적자가 엄청나게 늘어나고 있고, 2023년 현재 역대 최고 적자가 예상됩니다. 미국은 기축통화국이라 부채한도 증액을 통해서 이 상황을 돌파할 수 있는 방법을 고안할 수 있습니다.

그런데 한국은 기축통화국도 아닌데 미국의 재정적자의 추이와 동일하게 증가하고 있는 것이 문제입니다. 더 큰 문제는 경기가 하락세에 있다는 것입니다.

현재 세수(세금 수입)는 후행지표입니다. 경기가 좋으면 돈을 많이 번 기업과 국민에게 세금을 많이 걷을 수 있고, 경기가 안 좋으면 수익이 줄어드니 거두어들일 세수도 줄어듭니다. A기업에게 올해 많이 벌 것이니 미리 세금을 이만큼 걷는 선행지표가 아니라는 것입니다.

현재 경기는 하락세에 접어들고 있습니다. 경기가 하락세에 있다 보니 기업들의 이익이 급감하고 이로 인해 세수가 예상보다 줄어서 재정 적자폭을 쉽게 줄일 수 없다는 것도 큰 우려사항입니다.

우리나라는 수출을 주도로 하는 무역 흑자를 통해서 경제가 성장해 왔습니다. 그런데 최근에는 수출도 문제입니다. 2023년 3월 수출액은 작년 동기 대비 13.6% 감소하였고, 특히 우리의 최고 효자인 반도체 수출이 34.5% 급감하였습니다.

가장 큰 무역 흑자국이었던 중국 상대의 무역 수지가 -33.4%로 10개월 연속 마이너스를 기록하면서 이제는 가장 큰 적자를 만들어 내

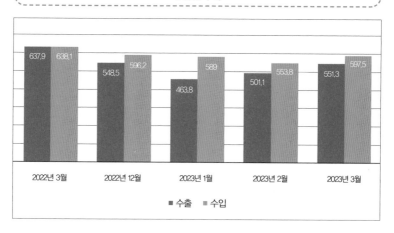

수출입 추이

	2022년 3월	2022년 12월	2023년 1월	2023년 2월	2023년 3월
수출	637.9	548.5	463.8	501.1	551.3
수입	638.1	596.2	589	553.8	597.5

■ 수출　■ 수입

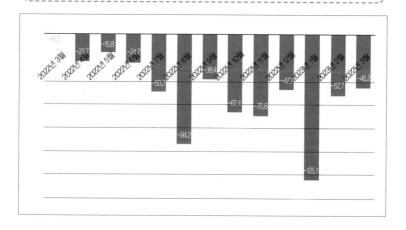

무역수지 추이

2022년 3월	2022년 4월	2022년 5월	2022년 6월	2022년 7월	2022년 8월	2022년 9월	2022년 10월	2022년 11월	2022년 12월	2023년 1월	2023년 2월	2023년 3월
−0.2	−23.7	−15.8	−24.7	−50.2	−94.2	−38.4	−67.4	−70.8	−47.7	−125.1	−52.7	−46.2

는 국가가 되었습니다. 대한민국 경제를 지탱해 온 수출이 6개월 연속 마이너스를 기록하였고, 수출보다 수입이 많은 무역 적자 행진은 13개월째 이어지고 있습니다.

여러모로 현재 총체적 난국의 경제 상황이라고 볼 수 있습니다. 우리나라가 현재 직면한 경제 문제나 인구 감소 문제도 심각해 보이지만 분명 좋은 해결책이 나올 것이라고 믿고 있습니다. 정부에서 재정 지출을 줄이거나 세수 확보를 위한 특단의 조치를 취하길 기다리고 있습니다.

분명 위기는 맞지만 항상 위기였던 시기가 돌아보면 기회였던 것을 역사를 통해서 알 수 있습니다. 미래에 성장이 확실한 섹터와 각국 정부에서 전략적으로 지원을 아끼지 않는 산업들을 통해 수익률을 극대화할 수 있는 기회로 삼길 응원하겠습니다.

2차전지에 투자하기 전에 꼭 알아야 할 것

2023년 1/4분기 최고의 대장주는 2차전지 관련주입니다. 알다시피 에코프로를 비롯한 많은 2차전지 종목이 아주 핫합니다. 그런데 대부분의 투자자가 뭐가 뭔지도 모르고 투자합니다. 그래서 4대 소재에 대해 간단하게 설명해 보겠습니다. 관련 기업까지 정리했으니 그냥 끝까지 읽기만 하면 2차전지의 모든 것이 머리에 쏙쏙 들어올 것입니다. 초보 투자자를 위해 전문성은 조금 걷어 내고 말하겠습니다.

2차전지의 4대 소재는 양극재, 음극재, 전해액, 분리막입니다. 각 소재가 무엇이고 어떤 역할을 하고 어떤 기업이 대표 기업인지 알아보겠습니다.

양극재란?

배터리는 대부분이 양극재로 구성됩니다. 그만큼 양극재가 중요합니다. 배터리의 전체 제조원가도 양극재가 상당한 부분(약 40%)을 차지합니다. 양극재는 배터리의 출력과 용량을 결정합니다. 쉽게 말해서 양극재의 성능이 개선되면 주행 가능 거리가 길어집니다. 핸드폰 배터리의 경우, 양극재의 성능이 사용 시간을 길게 만드는 것이죠.

"양극재는 배터리의 용량과 관계가 있는 것이다. 끝. 쉽죠?"

조금 더 들어가 보겠습니다.

양극재는 리튬과 니켈, 망간과 코발트, 알루미늄으로 구성됩니다. 니켈은 용량, 망간과 코발트는 안정성, 알루미늄은 출력과 관계있습니다. 각각 담당하는 역할이 다른데 이것들을 적절히 조합해서 최고의 용량과 출력을 내는 안정적인 배터리를 만드는 것이 기업의 기술력이라고 보면 됩니다.

니켈이 용량과 관련이 있으니 니켈 함량이 높을수록 주행 가능 거리가 길어지겠죠?

그래서 요즘 양극재 기업들이 주행 거리를 늘리기 위해 하이니켈 양극재(니켈 함량이 높은 양극재) 개발에 모두 엄청난 공을 들이고 있습니다.

양극재 대표 기업으로는 에코프로비엠, 엘앤에프, 포스코케미칼, 코스모신소재, LG에너지솔루션 등이 있습니다. 요즘 제일 핫한 2차전지 기업들입니다.

다시 한 번 말하지만 양극재는 구성 비율도 가장 크고, 생산원가에서 차지하는 비율도 높아서 중요합니다.

음극재란?

음극재는 양극재에서 받은 리튬 이온을 방출함으로써 전류가 흐르게 하여 전기를 만들어 냅니다. 현재 음극재의 90%는 흑연으로 구성됩니다. 흑연은 양극재에서 넘어온 리튬 이온을 처음에는 많이 저장할 수 있는데, 충/방전을 계속하면 흑연 구조가 변해 수명이 감소하게 됩니다.

그러면 음극재는 무슨 역할을 할까요?

"음극재는 배터리의 수명을 결정합니다. 끝. 쉽죠?"

음극재 대표 기업으로는 포스코케미칼, 대주전자재료 등이 있습니다.

여기서 정말 중요한 이야기를 하겠습니다.

음극재에 실리콘 첨가제를 넣어서 배터리 밀도를 높이면 배터리의 충전 속도가 빨라지게 됩니다. 그래서 음극재 기업들은 충전 속도를 높이기 위해 흑연에 실리콘을 몇 % 넣을지에 대한 연구를 엄청나게 하고 있습니다. 지금까지는 음극재에 5% 정도의 실리콘이 혼합되는데, 이것을 10% 이상으로 높이는 연구가 시행되고 있습니다.

그런데 실리콘을 잔뜩 넣어서 충전 속도를 10분 미만으로 만들면 좋을 텐데 왜 실리콘 함량을 50% 이상 높이지 않을까요? 실리콘 비중을 높이면 스웰링이라고 부르는 배터리가 부풀어 오르는 부작용이 발생하기 때문입니다. 예전에 핸드폰 배터리가 부풀어 올라서 문제가 되었다는 뉴스 들어 보았지요? 그런 이유라고 생각하면 됩니다.

그래서 스웰링이 생기지 않는 안정적인 실리콘 비율을 찾으면서 충전 속도를 개선하기 위해 노력 중인 것입니다.

특별한 점을 발견했나요? 포스코케미칼만 양극재, 음극재를 다 생산합니다. 그래서 최근에 주가가 엄청 올랐습니다. 중소기업도 아닌 대기업이 2년 만에 6만 원에서 26만 원까지 상승했습니다.

전해액이란?

전해질은 양극과 음극 사이에서 리튬 이온이 원활하게 이동하도록 돕는 매개체입니다. 쉽게 말하면 배터리의 혈액 같은 역할이라고 할 수 있습니다. 전해질에 금속성 불순물이나 수분 등이 함유되어 전해질의 순도가 떨어지면 화재 폭발의 가능성이 높아집니다.

전해액은 인화성 물질이고 쉽게 변질되는 물질이라서 배터리 제조사들은 전해액이 입고되면 배터리에 바로 주입하여 재고가 쌓이지 않도록 하고 있습니다. 화재 위험으로부터 안전하게 보호하기 위한 것이죠.

"전해질은 배터리의 안정성과 관계가 있는 것입니다. 끝. 쉽죠?"

전해액은 리튬염, 첨가제, 유기용매로 구성됩니다. 구성비는 용매 80%, 리튬염 15%, 첨가제 5%이지만, 원가 비중으로는 용매 30%, 리튬염 35%, 첨가제 35%로 구성됩니다. 이 말은 첨가제가 고부가 소재이고, 그만큼 중요한 역할을 한다는 것입니다.

전해질에 첨가제를 섞으면 배터리 수명이 증가하고 셀의 효율성이 높아질 뿐만 아니라 배터리의 안정성이 높아집니다. 그래서 최근에는 무조건 첨가제를 넣고 있습니다.

전해액 및 첨가제의 대표 기업은 다음과 같습니다.

– 전해액 : 후성, 솔브레인, 동화기업, 엔켐

– 첨가제 : 천보, 동화기업, 켐트로스, 덕산테코피아

분리막이란?

분리막은 양극과 음극이 직접적으로 접촉하지 않도록 분리하는 역할을 합니다. 분리막이 제 역할을 하지 못하면 양극과 음극이 만나 배터리가 폭발하게 되어 아주 위험합니다. 그래서 최근에는 분리막에 코팅 처리를 해서 안정성을 높이는 기술이 중요하게 사용되고 있습니다.

"분리막은 배터리의 안정성과 관련이 있다. 끝. 쉽죠?"

분리막의 대표 기업은 다음과 같습니다.

– 분리막 : SKIET(독보적)

그리고 얇게 만든 구리로 만든 동박과 알루미늄으로 만든 알박도 필요합니다. 양극을 감싸는 것이 알박이고, 음극을 감싸는 것이 동박입니다. 동박과 알박의 대표 기업은 다음과 같습니다.

– 동박 : SK넥실리스, 일진머티리얼즈, 솔루스첨단소재, 고려아연

– 알박 : DI동일, 조일알루미늄, 삼아알루미늄, 동원시스템즈

전고체 배터리란?

전고체 배터리는 전기를 흐르게 하는 배터리 양극과 음극 사이의 전해질이 액체가 아닌 고체로 된 차세대 2차전지를 말합니다. 현재 가장 많이 사용되는 2차전지인 리튬이온 배터리는 액체 전해질로 에너지 효율이 좋지만, 앞에서 설명한 것처럼 전해질이 가연성 액체여서 화재에 대한 위험성이 높습니다. 반면 전고체 배터리는 전해질이 고체이기 때문에 충격에 의한 누액 위험이 없고, 인화성 물질이 포함되지 않아 발화 가능성이 낮아 상대적으로 안전합니다.

또한 전고체 배터리는 액체 전해질보다 에너지 밀도가 높으며, 충전 시간도 리튬 이온 배터리보다 짧고, 대용량이 구현이 가능해 완전 충전할 경우 전기차의 최대 주행 거리를 800km로 늘릴 수 있습니다.

그래서 삼성을 비롯한 수많은 배터리셀 기업들이 전고체 배터리 개발에 사활을 걸고 있습니다. 일본과 중국도 엄청나게 연구 중이라고 합니다. 아마도 멀지 않은 시기에 전고체 배터리가 상용화될 것입니다.

단 우리가 절대로 잊지 말아야 할 것이 있습니다. 전고체 배터리가 나오면 음극과 양극을 분리해 주지 않아도 되기 때문에 분리막이 더 이상 필요하지 않습니다. 분리막 기업들의 성장에는 언젠가 한계가 올 것이라 2차전지 투자 시 꼭 고려해야 합니다.

시장은 언제나 다수의 예상과
다르게 움직인다

2023년 2분기가 지나고 있습니다. 2022년 말에 증권사와 유튜브 전문가들이 2023년 증시는 하락할 것이라고 전망한 것과 달리 코스피와 코스닥 모두 상승하면서 또 다시 개인 투자자들을 닭 쫓던 개가 지붕 쳐다보는 모양새로 만들었습니다.

2022년에 엄청난 폭락장에 주식판을 떠났던 사람들이 최근 지수가 강하게 반등하자 다시 돌아오려고 저에게 문의를 많이 합니다. 그에 대한 답을 제 경험을 바탕으로 이야기하겠습니다.

2012년에 우리나라를 장악한 단어들이 있습니다. '미분양 아파트 속출', '하우스푸어', '깡통주택'…. 이런 단어가 들어간 자극적인 제목으로 수많은 뉴스가 쏟아져 나왔습니다.

이때 사람들에게 가장 많이 회자됐던 이야기가 있습니다.

"다시는 아파트로 돈 버는 시대는 안 올 거야."

"지금 집 사면 진짜 바보인 거 알지?"

정말 그때는 아무도 집을 사려고 하지 않던 시기였습니다. 완전 흙수저였던 저는 결혼 후 썩빌(썩은 빌라)이라고 불리는 투룸 빌라에서 살고 있었습니다. 첫째 출산을 앞두고 있던 터라 아파트로 이사를 가고 싶은 마음이 무척 컸습니다.

2008년 미국발 금융위기 이후 완전 쪼그라든 소비 심리에다 베이비부머 세대의 은퇴로 주택 구매 여력이 더 떨어질 것이라는 논리가 대세였습니다. 매일같이 쏟아지는 하우스푸어 뉴스까지 더해져서 주택 구매 심리는 정말 최악이었습니다.

하지만 야수의 심장을 가진 저는 이런 공포 시기에 베팅해야겠다는 생각을 하고 아내를 설득했습니다. 아내에게 어차피 우리는 가진 것이 없기 때문에 한 번 승부해 봐야 한다고요. 사람들이 더 이상 상승이 없다고 말할 때가 바닥이라고 엄청나게 설득했고 결국 집을 구매했습니다.

아내는 물론 차곡차곡 모아서 기회를 보자고 말렸지만, 저는 그 당시 '인간지표'만큼 정확한 건 없다는 확신을 가지고 과감히 아파트를 매수했습니다.

결과는 어땠을까요?

우여곡절이 있었지만 그 선택은 아주 성공적이었고, 그 투자로 지금의 디노가 탄생하게 된 시드머니가 생겼다고 말할 수 있습니다.

여러분은 저의 부동산 투자 이야기를 듣고 어떤 생각이 들었나요? 누구나 그런 시기였다면 매수했을 거라는 생각이 드나요? 사실 지나고 보면 쉬워 보이지만 그런 상황에 직접 맞닥뜨리면 그런 선택을 하기가 정말 어렵습니다.

이제 지금의 주식 시장에 대해 이야기해 보겠습니다.

2021년 미친 랠리를 펼쳤던 코스피는 3,300포인트를 찍고, 2022년에 최악의 폭락을 했습니다. 1년 내내 내리막이더니 결국 2,300포인트까지 폭락해 버리고 말았지요. 이 기간 동안 모든 개인 투자자의 영혼은 탈탈 털리고, 증시에는 엄청난 공포감이 깔렸습니다.

수많은 미디어와 유튜버들은 공포 마케팅을 하면서 매일 '지금 사면 망한다.', '2023년은 경기침체로 다시없을 힘든 시장이 열릴 것이다.'라는 주제의 콘텐츠를 생산해 냈습니다.

공포는 공포를 낳고, 다시 공포가 공포를 낳았습니다. 1년 넘게 고통의 나날을 보내던 거의 모든 개인 투자자가 결국 2022년 11월쯤 다시는 주식을 하지 않겠다면서 증시를 떠났습니다.

2022년 말 공포로 가득 찬 시장에 증권사가 기름을 부어 버리는 일이 발생했습니다. 수많은 증권사가 2023년은 상승이 없다는 전망을 내놓은 것이죠. 하지만 지금 시장은 어떤가요? 2023년 증시가 그들의 말대로 하락했나요?

증시는 전문가들을 비웃기라도 하듯이 매일 상승했습니다. 이번에도 시장은 다수의 예상과 다르게 움직였습니다.

세력주 투자 기술

지금 작년과는 다른 무서움이 느껴집니다. 너무나 급작스럽게 오르는 일부 종목들 때문에 나만 빼고 다른 사람들은 부자가 되고 있다는 생각도 듭니다.

지금 다시 주식 시장으로 돌아오려고 고민하는 분들은 꼭 명심하기 바랍니다.

시장은 언제나 다수의 반대로 움직입니다.

여러분이 돌아오려고 한다는 것은 또 다시 상투가 임박한 것으로 볼 수도 있습니다. 그러므로 요즘 같은 종목 장세에서는 평소와 다른 전략이 필요합니다.

이런 장세에서는 섹터별로 순환매가 나오기 때문에 덜 오른 섹터를 찾고, 그중 실적이 좋은 우량한 대장주를 매수하고 시세가 될 때를 기다려야 합니다. 이런 전략을 취하지 않으면 요즘같이 급등이 많고 수일 안에 수십 퍼센트의 수익을 올릴 수 있는 시장에서 내 계좌만 오히려 손실이 커질 수가 있습니다.

다른 사람들이 수익을 내고 떠난 자리를 따라가는 한 발 늦은 투자를 하는 것은 손실의 지름길입니다. 작년처럼 모두가 떠나는 어려운 시장일 때 시장을 떠나지 말고 항상 관심을 두고 끊임없이 기회를 탐색해야 얼마 후에 다가오는 달콤한 시장을 즐길 수 있습니다.

케인즈의 명언으로 책을 마치겠습니다.

"소수의 투자자 편에 서라."

모든 분이 진심으로 수익을 내길 바라는 디노의 마음이 이 책을 통해서 전해지길 바랍니다.

시장을 이기는 투자, 부자 되는 투자를 하세요.

디노가 응원하겠습니다.